바운더리

BOUNDARY

바운더리

최신 뇌과학과
인지심리학이 알려주는
마음의 중심을 잡아줄 보호막

김현 지음

심심

'나'를 챙기지 못하는 모든 이들에게

◇◇◇

"엄마, 왜 울어?"

바로 전까지만 해도 같이 깔깔 웃던 엄마가 갑자기 눈시울을 붉히며 우는 모습을 보고 놀란 딸아이가 말했습니다. 그즈음 저는 숨이 가쁘도록 바쁜 나날을 이어가고 있었습니다. 마감일에 맞춰 연구 보고서를 겨우 제출하고 동료의 일까지 떠맡아 처리하고, 퇴근 후에도 한숨 돌릴 틈도 없이 육아와 집안일을 하는 날이 반복되었죠. 하지만 '난 아무렇지도 않다'며 스스로에게 최면을 걸고, 제가 정말 원하는 것들은 마음속에 꾹 눌러놓은 채 매일을 버티고 있었습니다. 그날도 겨우 일을 마치고 아이와 놀아주던 참이었는데, 그만 저도 모르게 눈물이 주르르 흘러내렸습니다. 힘든 마음을 어디든 털어놓고 싶었던 것이었는지 저는 딸아이에게 가슴 한쪽을 가리키며 하소연하듯 말했습니다.

"엄마가 오늘 여기가 좀 아파. 근데 걱정 마. 금방 나을 거야."

하지만 제 마음은 '그날'만 아픈 게 아니었습니다. 아픔은 제 안에 조금씩, 지속적으로 쌓여가고 있었습니다. 너무 많은 것들이 제 일부를 내어주라고 요구하고 있었고, 저는 그런 요구에 무력하게 끌려 다니고 있었습니다. 딸아이를 위로해주면서도 알고 있었습니다. 제가 스스로 삶에 전환점을 만들지 않으면 이런 상태가 나아지지는 않을 것이란 것을 말이죠.

그날 겪은 일은 지극히 사소한 경험이었지만, 저는 심리학자로서 이 순간을 그냥 흘려보내는 대신 심리학을 공부하는 기회로 삼자고 마음먹었습니다. 그동안 연구하며 배워왔던 심리치료 기법을 스스로에게 적용하며, 제가 정말로 중요하다고 여기는 가치에 중심을 두고 내면을 돌보는 '마음 근육 단련'을 시작했습니다. 마음 한 구석에 밀어두었던 독서와 요리 같은 취미 활동도 다시 시작하고, 아이와 함께 우스꽝스러운 춤을 추고 깔깔 웃기도 하고, 조그만 뒷마당에 텃밭을 만들어 가꾸며 평화로움을 음미하는 시간을 가졌습니다. 그렇게 자기자비를 통한 셀프케어self-care(자기돌봄), 마음챙김, 현실 수용, 휴식과 즐거움, 사랑하는 사람들과의 의미 있는 시간을 제 안에 하나씩 쌓아갔습니다. 이런 연습을 소개하는 내용과 제 경험을 개인 웹사이트에 올리기 시작했고, 그때 시작한 글쓰기가 이 책까지 이어졌습니다.

이 책의 진짜 시작점은 어쩌면 제가 수면 연구에 발을 처음 디

바운더리

됐던 2009년일지도 모릅니다. 저는 지난 15년간 수면을 연구하면서 '잘 자는 것이 얼마나 중요한지'와 '어떻게 하면 숙면을 취할 수 있을지'에 집중했고, 이에 필요한 지식을 사람들에게 끊임없이 전달하려 했습니다. 그러나 놀랍게도 많은 사람들이 "할 일이 너무 많아서 잘 시간이 없어요"나 "저한테 의지하는 사람이 얼마나 많은데, 죄책감 들고 불안해서 제 생각만 할 수 없어요"와 같은 이유로 스스로에게 충분히 쉴 시간을 허용하지 못하고 있었습니다. 이를 알고 나니 사람들이 스스로에게 얼마나 엄격하고 이상적인 잣대를 적용하는지도 보이기 시작했습니다. 많은 사람들이 지금보다 나은 미래를 누리기 위해 현재의 삶은 희생하며 쉴 틈 없이 달리고, 그 탓에 현재의 삶에 만족감이 떨어지고 우울감을 느끼고 있었죠. 그래서 저는 기존에 연구하던 수면에서 영역을 넓혀 휴식과 셀프케어, 그 기반이 되는 '자기자비'까지 정신건강 관리 전반에 폭넓게 관심을 가지게 되었습니다.

《바운더리》는 주변 사람들을 만족시키거나 더 나은 미래를 가꾸기 위해 하루하루 열심히 살면서 정작 '지금의 나'를 돌보지 못해 지친 우리 모두를 위한 책입니다. 사회생활을 하면서 내 역할을 감당하느라 자신을 돌보지 못하는 사람들, 다른 사람을 돌보느라 나를 내어주었던 사람들 등 이 세상을 살아가는 모든 이들에게는 자신을 돌아볼 수 있는 마음의 공간이 필요합니다. 이 책은 바로 그 마음의 공간을 만드는 법, 나를 채찍질하는 생각에서 벗어나 자연스럽고 나다운 모습으로 살아갈 수 있는 법을 안내합니다.

이 책은 먼저 '바운더리'에 대한 소개로 시작합니다. 바운더리가 무엇이고 이 낯선 개념이 어떻게 나를 도울 수 있는지 설명하고, 바운더리가 '매정하게 선을 긋는 행위'라는 오해를 풀어내고 바운더리의 진정한 기능과 의미가 무엇인지 알아보겠습니다. 이 책에 담긴 내용은 심리학·정신건강의학·인지신경과학에 근거한 인지행동치료Cognitive Behavioral Therapy, CBT 모델에 기반하며, 그 외에도 수용전념치료Acceptance and Commitment Therapy, ACT · 변증법적행동치료Dialectical Behavioral Therapy, DBT · 마음챙김mindfullness 등 현대 심리학에서 효과가 근거가 충분히 검증된 내용을 바탕으로 합니다. 실제 제가 상담실에서도 사용하는 심리치료를 반영하되, 많은 분들이 좀 더 쉽게 일상생활에 응용할 수 있도록 어렵지 않은 내용을 적용하고자 했습니다.

이 책을 읽는 올바른 방법은 없습니다. 마음 내키는 대로 살펴보고, 유용한 지식은 일상에 반영해보고, 쉬엄쉬엄 읽다가 눈물도 흘리며 자연스럽게 내게 필요한 만큼 책의 내용을 활용해보세요. 어떤 부분은 익숙하고 편안하게 다가올 수도 있고, 어떤 부분은 낯설고 어색하거나 난해하게 느껴질 수도 있습니다. 하지만 그런 느낌 역시 자연스러운 감각입니다. 모든 시작은 어색하고 낯설기 마련이니까요. 완벽하게 읽어야 한다는 생각에서 벗어나 자신에게 맞는 속도로 편안하게 읽다 보면, 어느새 나도 모르던 나 자신이 뚜렷하게 읽히는 순간이 올 것입니다. 바로 그 순간이 여러분이 자신을 이해하고 변화로 이끄는 첫걸음이 되어 주리라 믿습니다.

잠시 세상이 흔들릴지라도, 이 책을 통해 다진 바운더리를 통해 다시 중심을 잡고 삶의 운전대를 다시 쥘 수 있기를 바랍니다. 그렇게 자신에게 맞는 속도와 방향을 찾아, 여러분이 진정 원하는 완전한 삶을 향해 나아갈 수 있기를 바랍니다.

마음을 지키는 보호막

우리는 역사상 그 어떤 시대보다 세상과 밀접하게 연결되어 있고, 그 덕에 언제 어디서든 유용한 정보를 접하며 살아가고 있습니다. 그러나 아이러니하게도, 이로 인해 더 극심한 우울감과 고립감을 느끼기도 합니다. 바로 매일 접하는 이런 정보가 수만 가지의 자극이 되어 나를 이리저리 뒤흔들기 때문입니다. 세상이 내게 끊임없이 '이렇게 해', '저렇게 해'라며 지시를 내리고, 나는 그 목소리에 힘없이 이끌려 가기만 하는 것처럼 느껴집니다. 이런 삶이 지속되면 마음이 지치고 내면이 무너질 위험이 있습니다. 그래서 우리는 나를 뒤흔드는 세상의 자극들로부터 스스로를 보호할 수 있어야 합니다. 나를 보호할 수 있는 시간적·심리적·물리적 공간, 이 안전지대를 **바운더리**boundary'라고 부릅니다.

바운더리는 직역하면 '경계선'이라는 뜻입니다. 특정 구역이

나 영역을 나누는 한계를 나타내죠. 두 나라 사이에는 영토를 구분하는 국경선이 있고, 주차장에는 차 여러 대가 안전하게 거리를 유지할 수 있도록 주차선이 그어져 있습니다. 꼭 눈에 보이는 선이 아니더라도 '구분선'을 짓는 바운더리는 우리 주변에서 흔히 볼 수 있습니다. 직장을 예로 들면, 책상은 사무실 내 개인적 공간을 확보하고, 직장의 서열은 사원의 언행이 허용되는 범위를 정하며, 직장 내부서 간에도 업무의 구분이 있습니다. 사실 우리는 이미 많은 바운더리를 지키면서 살아가고 있는 것이죠. 만약 우리가 바운더리를 무시하고 산다면 어떤 일이 생길까요? 아마 혼란스러운 '카오스' 상태가 되어 사회와 일상의 체계가 무너질 것입니다. 좀비 영화에서 자주 볼 수 있는, 혼란 그 자체인 세상이 되겠죠.

사회 속 바운더리는 대체로 사회가 정하는 대로 형성됩니다. 위에서 설명한 국경선이 대표적인 예시죠. 이렇게 모든 경계를 사회나 국가가 정하고, 우리는 그 경계를 그대로 따르기만 하면 된다면 얼마나 살아가기 편할까요? 하지만 아쉽게도(그리고 한편으로는 다행히도), 개인의 삶에서는 개인이 자신의 소신과 신념에 맞게 바운더리를 스스로 정하며 살아야 합니다.

내 삶을 보호하는 공간, 바운더리

✧

그럼 이쯤에서 제가 이야기하고 싶은, 심리학에서 이야기하는 '바운더리'의 정의를 정리해보겠습니다. 바운더리는 **가장 나답고 풍요로운 삶을 살기 위해 스스로 정하는 마음의 공간**입니다. 여기서 '나답다'는 말은 다른 누구도 아닌 '내가' 스스로 정하고 '내가' 만족감을 느낀다는 의미입니다. '나다움'을 찾으면 내 몸이나 마음이 더 편안해지는 결과를 얻을 수도 있고, 자신만의 개성을 찾을 수도 있습니다. '풍요로운 삶'은 내 가치에 맞는 방향으로 나아가며 나를 즐거움과 의미 있는 일로 채우는, 정서적으로 충만해지는 삶을 의미합니다. '공간'은 물리적 공간(구역, 자리, 시간)이 될 수도 있고 내적 공간(여유, 사람들과의 거리, 상상)이 될 수도 있습니다. 마지막으로, '스스로' 만든다는 말은 외부의 압력이 아닌 나 자신의 판단에 따라 결정한다는 뜻입니다. 즉, 바운더리는 다른 누구도 아닌 '나'를 위해 의식적으로 만들어 나를 보호하는 공간이라고 볼 수 있습니다.

인간은 독립으로 살아가는 존재가 아니라, 타인이나 넓은 세상과 연결되어 살아가는 존재입니다. 그러므로 세상과 맺은 수많은 연결 고리를 효율적으로 다루어야 시간과 기력, 감정 등 삶을 유지하는 데 필요한 자원을 현명하게 활용할 수 있습니다. 내 일부에서 어느 정도를 다른 사람들에게 내어줄지, 또 어느 정도를 자신을 보호하는 데 집중적으로 사용할지 고민하면서 말이죠.

내 삶을 지키는 바운더리 다섯 가지

✧

바운더리는 자신을 위해 시간과 공간의 여유를 허용하는 물리적 영역일 수도 있고, 내면에서 이루어지는 감정적·인지적 처리 과정일 수도 있고, 나를 바깥세상의 자극으로부터 보호하는 사회적 능력일 수도 있습니다. 바운더리는 우리가 살아가면서 맞닥뜨리는 수많은 상황과 관계에 적용할 수 있으며, 그 영역은 크게 다섯 가지로 나눌 수 있습니다.

- 인간관계의 바운더리
- 책임감의 바운더리
- 일과 쉼의 바운더리
- 감정의 바운더리
- 이상과 현실 간의 바운더리

이런 바운더리는 눈에 보이지 않는 영역을 구분하며, 외부뿐만 아니라 나 자신의 내면과 구분선을 두는 경우도 있습니다. 나를 구성하는 여러 가지 요소에도 구분점이 필요하다는 이야기가 어쩌면 어색하게 느껴질 수도 있습니다. 하지만 아무리 낯선 개념이라도 충분히 생각하고 익히는 연습을 거치면 점차 익숙해집니다. 그러니 조금씩이라도 나를 지키는 바운더리를 지속적으로 연습해보세요. 그러면 어느새 다루기 익숙해져 바운더리가 필요한 순간이 오면 바로 언제든 적용할 수 있게 됩니다. 바운더리를 세우는 연습이 쉽다고는 이야기할 수 없지만, 모든 심리치료 과정이 그렇듯 점진적인 변화를 조금씩 쌓아나가면 장기적으로 큰 성과를 이룰 수 있습니다. 지금보다 자신 있는 내 모습, 내일을 기대할 수 있는 활기찬 생활이 삶에 찾아오겠죠.

바운더리는 '손절', '선 긋기'와 다릅니다

✧

한국 문화에서 '바운더리'를 이야기하면 매정하거나 차갑다는 반응을 접할 수도 있습니다. 공동체 의식이 강한 한국 사회에서는 다른 사람들과 별개라는 생각이 인간관계에 '선을 긋는다'고 받아들여질 수도 있기 때문이죠. 혹은 주변 시선이나 사회적 분위기 때문에 주도적으로 내 공간을 만들기가 쉽지 않다고 느낄 수도 있습니다. 따라서 바운더리가 낯설고 불편하게 다가온다고 해도 충분히 이해되는 일입니다. 게다가 눈에 보이지도 않고, 만들라고 요구하는 사람도 없는 바운더리를 내가 직접 나서서 정해야 한다는 어색함과 부담감이 이 개념을 받아들이는 데 장애물이 될 수도 있습니다. 사실 모든 심리 기법이 어느 정도의 감정 소모, 행동 패턴 변화, 시간 투자를 필요로 하며 이런 점이 치료를 시작하는 데 큰 걸림돌이 되기도 합니다.

그럼에도 바운더리의 필요성을 인지했다면 일단 변화를 시도해볼 가치는 충분히 있습니다. 다수의 신경과학 연구에 따르면, 생각하는 방법을 바꾸면 뇌도 그에 맞게 변화합니다. 예를 들어 생각이 달라지면 감정도 함께 달라지는데, 이는 뇌에서 감정을 담당하는 부분의 활동이 개선되기 때문입니다(평소 무서워하던 걸 다른 시점으로 바라보면 공포가 줄어드는 것도 같은 원리입니다). 또한 후생유전학 이론에 따르면, 인식이 달라지면 행동 패턴도 변화하고 이에 맞추어 유전자가 발현하는 방식 역시 달라진다고 합니다. 생각하는 것만으로도 타고난 생물학적 요소를 바꿀 수 있다니, 생각이란 이토록 강력한 변화의 도구인 것이죠. 저는 제 상담실을 찾아온 내담자분들께 새로운 심리치료 기법을 소개할 때, 이 기법이 "뇌의 회로를 바꾸는" 혹은 "뇌의 근육을 키우는" 활동이라고 설명합니다. 물론 상담실 밖에서도, 간단한 생각과 행동의 전환만으로 실제 뇌의 변화를 언제든 이끌어낼 수 있습니다.

그러므로 저는 바운더리에 관한 고정관념을 조금 바꾸어보자고 제안하고 싶습니다. 바운더리는 우리를 다른 이들에게서 소외시키고 이기적인 사람으로 만드는 무기가 아니라, 오히려 나를 보호하고 치유하는 편안한 장소와 같은 개념으로 이해해야 합니다. 문을 열고 들어서는 순간 내게 안정을 주는 '마음의 정원'과 같은 공간인 셈이죠. 하지만 정원이 혼자 알아서 만들어지지는 않습니다.

내가 어떤 공간을 원하는지 구상하고, 예쁜 나무와 꽃을 심고, 식물들이 잘 자랄 수 있게 물과 비료도 주고, 잡초가 보이면 뽑아주기도 하면서 내 손으로 공간을 가꾸어 나가야 합니다.

바운더리를 구축하는 과정도 이와 마찬가지로 꾸준한 노력이 필요하지만, 정원을 가꾸는 것처럼 소중하고 고귀한 과정입니다. 바쁘고 치열한 현대사회를 살아가면서 이 정원이 내 중심을 찾아주고 삶을 풍요롭게 가꾸어줄 단단한 도구가 될 수 있다는 믿음으로 바운더리를 만들면, 힘들 때마다 이 정원을 찾아와 다시 마음의 여유를 찾아볼 수 있습니다. 처음엔 낯설고 어색할지라도 마음과 뇌의 근육을 키워나간다고 상상하며 차근차근 생각을 바꾸는 방법을 연습해보세요. 그러면 바운더리의 기술을 익히는 이 여정이 경이로움과 성취감으로 가득할 것이라 장담합니다.

꼭 알아야 할 바운더리의 특징

✧

1. 바운더리는 삶의 가치관에서 나옵니다

바운더리는 고유한 신념과 삶에 대한 철학에 기반해 만들어집니다. 그러려면 먼저 내가 삶에서 무엇을 정말 가치 있게 여기는지, 살아가는 데 있어 무엇에 큰 의미나 목적을 두는지를 잘 파악하고 있어야 합니다. 여러분을 즐겁게 하는 것은 무엇인가요? 어떤 상황에서 뿌듯함과 성취감을 느끼시나요? 어떤 사람을 닮고 싶나요? 이런 질문에 차근차근 답해보며 여러분이 나아가고 싶은 삶의 방향을 정해보세요. 만약 여러분이 남에게 도움을 주는 삶을 목적으로 한다면 다른 사람들을 존중하면서도 나를 챙기는 시간적·감정적 바운더리를 설정하는 법을 익히는 게 도움이 되고, 새로운 세상을 만나는 모험적인 삶을 지향한다면 타인에게 얽매이지 않는 데 도움을 주는 공간적·관계적 바운더리가 유용합니다. 이러한 '내가 살고자 하는 삶'을 중심에 두고 그 가치를 지켜나갈 수 있게 돕는 것이 바로 바운더리의 목적입니다. 즉, 바운더리는 내가 목적지에 닿을 수 있게 도와주는 나침반과 같은 존재입니다.

2. 바운더리가 무너지면 또 세우면 됩니다

바운더리를 세우고 그 기준에 맞추어 열심히 생활하다가도, 시간이 지나면 처음 세웠던 기준을 지키기 어려워질 수 있습니다. 변화를 계획하고 그 방법을 오랜 시간 꾸준히 실천하는 것은 쉬운 일이 아니기 때문이죠. 특히 일상에서 해야 할 일을 따라가기에도 벅차서 마음을 헤아리기 힘든 순간에는 내게 무엇이 필요한지 구분하는 감각이 흐려지기 쉽습니다. 직장 동료들과 적당한 거리를 유지하려고 해도, 어느 순간부터 다시 다른 사람의 자잘한 심부름까지 떠맡아서 하고 있나요? 자꾸 감정에 휩쓸려 이성을 잃고 후회스러운 행동을 하게 되나요? 그럴 땐 마음을 다시 살펴보며 필요한

바운더리

바운더리를 정비하면 됩니다. 무너지면 세우고, 흐트러지면 바로잡으면서 말이죠.

3. 바운더리는 자연스레 바뀌기도 합니다

자연스러운 삶의 변화에 따라 필요한 바운더리와 그 범위가 바뀌기도 합니다. 일상 생활 패턴, 나이, 인생의 시기가 변하면서 내게 중요한 것에 대한 정의와 기준이 달라질 수도 있기 때문이죠. 저도 지난 10년간 결혼과 출산, 육아를 거쳐가며 삶의 우선순위가 많이 달라졌다는 사실을 알았습니다. 어느새 가족이 제 삶의 1순위가 되어 있었고, 가족을 우선시하다 보니 자연스럽게 직장, 친구들, 심지어 제 자신에게 내어줄 시간과 에너지의 범위를 좁힐 수밖에 없었습니다. 여기에 육아를 하며 흔히 찾아오는 '육아 번아웃'을 겪으면서 자신을 위한 공간을 확보할 필요성을 더욱 강하게 느꼈죠. 이 경험을 계기로 스스로에게 더 많은 휴식을 허용하는 연습을 조금씩 시도하며 제 삶의 범위를 늘려갔습니다. 지금도 일하느라 바쁠 때나 아이들이 아플 때 등, 살면서 일어나는 작고 큰 사건들로 인해 제 바운더리는 조금씩 바뀌곤 합니다. 하지만 이렇게 바운더리를 지속적으로 수정한 덕에 제 삶을 꾸준히 유지할 수 있었습니다. 내가 기준을 정해놓아도 세상이 나를 뜻대로 내버려두지 않는다고요? 걱정 마세요. 우리는 변화하는 상황에 맞추어 바운더리를 조정할 수 있고, 다시 삶에 적응할 수 있습니다.

4. '틀린' 바운더리는 없습니다

바운더리는 결국은 다른 사람이나 사회가 아닌 '나 자신'이 중심이 되어 구축해야 합니다. 이는 곧 내 삶과 그에 맞는 주관적인 기준을 우선해야 하고, 이런 기준을 내 일부로서 존중받아야 한다는 뜻입니다. 물론 삶의 기준은 사람마다 제각각이기에, 바운더리 때문에 다른 사람들의 반발을 사는 경우가 생길 수 있습니다. '이기적이다' 혹은 '그렇게 생각하면 뒤처진다'라는 다른 사람들의 편잔때문에 마음의 아픔을 겪는 일이 일어날 수도 있겠죠. 하지만 다른 사람들의 동의를 얻지 못할 때마다 내 바운더리를 바꾸고 주변 시선에 이끌려 내 기준을 정한다면 결국 내가 중심이 되는 삶에서 더멀어지게 됩니다. 내가 만드는 바운더리가 내 일상과 삶에 어떻게 기능하고 어떤 결과를 만들어내는지 관찰해보세요. 그렇게 내가 원하는 것에 따라 바운더리를 구축하며 가장 '나다운 삶'을 살아가다 보면 자연스럽게 내게 '잘 맞는' 바운더리를 찾을 수 있습니다.

5. 바운더리는 꾸준히 익히는 기술입니다

앞서 이야기한 내용을 종합해보면 바운더리를 만드는 것이 결코 단순하고 쉬운 과정이 아니라는 것을 알 수 있습니다. 내 내면에 숨어 있는 신념과 가치관을 찾아내야 하고, 깊이 있는 자아성찰의 단계를 이겨내야 합니다. 게다가 나를 둘러싼 인간관계나 갑작스레 닥쳐오는 외부 영향에 대응하면서도 마음속으로 정한 기준선을 지

바운더리

켜야 하기 때문에 바운더리 실행은 적절한 감정 조절과 대화의 기술을 요하기도 합니다. 조금 솔직하게 이야기하자면, 바운더리는 만들기도 유지하기도 쉽지 않습니다.

그러나 힘들다고 바운더리를 만드는 과정을 포기한다면, 결국 이전처럼 감정과 외부 영향에 무기력하게 휩쓸리는 생활로 돌아가게 됩니다. 그러면 살아가면서 만나는 갖가지 스트레스에 저항하기가 어려워지고, 나를 보호할 삶의 기준선을 바로잡으려는 시도를 주저하게 되어 더더욱 지치는 삶을 살게 되겠죠. 그러니 용기를 내어 일단 시작하고, 무너지면 바로잡고 고치면 된다는 마음가짐으로 천천히 바운더리를 쌓아가보세요. 그것이 바로 바운더리가 내 삶에 스며들게 하는, 내 삶을 탄탄하게 바꾸는 방법입니다.

이 책은 총 다섯 가지 삶의 영역에서 바운더리가 어떻게 나를 풍요로운 삶으로 이끄는지 설명하고, 나를 균형 잡힌 삶으로 인도할 구체적인 생각·행동 연습과 실질적인 지침을 제공합니다. 이 책을 읽는다고 하루아침에 바운더리를 만들 수는 없겠지만, 내용을 천천히 소화시키며 실생활에 접목시키는 연습을 꾸준히 하다 보면 어느새 여러분의 삶에도 바운더리가 탄탄하게 자리를 잡으리라고 믿습니다. 여러분이 꿈꿔오던 균형 잡힌 탄탄한 삶을 현실로 옮기는 데 이 책이 도움이 되기를 바랍니다.

차례

저자의 말 '나'를 챙기지 못하는 모든 이들에게 5

들어가는 말 마음을 지키는 보호막 11

1장 선을 넘는 사람들로부터 나를 지키려면
       건강한 인간관계를 만드는 바운더리 25

왜 내 삶을 침범하는 사람들에게 휩쓸릴까 27 | 행동의 중심
에 나를 두는 마인드셋 51 | 나를 보여주고 소통하는 연습 67

2장 아무리 열심히 해도 부족하게 느껴질 때
       과도한 책임감과 거리를 두는 바운더리 77

수많은 역할과 책임에 짓눌릴 것만 같다면 79 | 과도한 책임감
에서 벗어나는 마인드셋 94 | 내 역할에 우선순위를 매기는
연습 106

3장 지친 삶에 활력을 충전해줄 진짜 휴식

일과 쉼을 구분하는 바운더리 113

뒤처질까 봐 쉬지 못하는 사람들 115 │ '진짜 휴식'을 위한 마인드셋 139 │ 바쁜 일상에 숨 쉴 틈을 불어넣는 연습 150

4장 자꾸만 격해지는 감정에 사로잡힐 때

불편한 감정과 거리를 두는 바운더리 157

내 마음속에 덮쳐오는 시커먼 먹구름 159 │ 감정에 지배당하지 않는 마인드셋 179 │ 행동으로 감정의 불안을 가라앉히는 연습 187

5장 일상의 행복에 닿는 법

이상과 현실을 구분하는 바운더리 199

나는 왜 지금 삶에 만족하지 못할까 201 │ 일상 속 행복을 생생한 현실로 만드는 마인드셋 223 │ 지속 가능한 행복을 만드는 연습 235

맺음말 삶의 운전대를 내 손으로 쥐는 삶으로 243

참고 문헌 247

◇

1장

선을 넘는 사람들로부터
나를 지키려면

건강한 인간관계를 만드는 바운더리

왜 내 삶을 침범하는 사람들에게 휩쓸릴까

대학병원에서 간호사로 근무하는 인혜는 요즘 들어 사람들과 있으면 쉽게 지치는 것을 느낀다. 최근 회식 자리에서 남자 친구가 있다는 사실을 이야기한 이후로 선배가 자신의 연애사에 관심을 갖는 것이 불편하기 때문이다. 남자 친구의 직업, 친밀도, 결혼 계획까지 스스럼없이 물어보며 자신을 공적인 자리에서 화젯거리로 삼는 것이 싫지만 팀의 분위기를 망치고 싶지 않아서 웃어 넘기곤 한다.

게다가 최근 명절에 찾아간 큰아버지 댁에서는 친척 어른들에게 '왜 남자 친구와 서둘러 결혼식을 올리지 않느냐'라며 잔소리를 들었다. 인혜의 엄마는 한술 더 떠서, 이미 아이가 둘 있는 사촌 동생과 자신을 그 자리에서 비교하며 푸념을 늘어놓았다. 가족들이 모이는 자리마다 이런 일이 생기다 보니 어느 순간 명절이 그다지 즐겁게 느껴지지 않는다. 그날도 집에 돌아와 자신을 창피하게 만든 엄마에게 짜증을 내고 말싸움을 하고 말았다.

내가 만만해 보이나? 인혜는 가끔 그런 질문을 스스로에게 던져본다. 친구들은 인혜가 너무 착해서 다 봐주는 거라고 위로하듯 말하지만, 인혜는 그 말에 동의하지 않는다. 그보다는 사람들과 불편한 상황을 만드는 것이 힘들어서 자신의 의견을 강하게 피력하지 않는 것에 가까웠다. 특히 학창 시절 솔직한 의견을 이야기했다가 친했던 친구의 기분을 상하게 하고 관계가 틀어진 경험을 겪은 이후로 사람들에게 마음을 표현하는 것이 겁이 났다. 비록 자신이 잘못했다고 생각하지 않아도 말이다. 평생 안 보고 살 수 있는 사람들이 아니라지만, 언제까지 이렇게 다 참아주고 받아주어야 하는 건지 인혜는 스스로가 답답하게만 느껴졌다.

우리는 일상 속에서 인혜 씨와 비슷한 경험을 흔히 겪습니다. 매일 마주쳐야 하는 직장 동료나 학교 친구와 함께하며 불편해도 티를 못 내고 혼자 끙끙 앓는 상황을 겪기도 하고, 이 세상에서 가장 가깝다고 느끼는 가족과도 의견 충돌로 소리를 지르고 싸우기도 합니다. 이런 일을 겪으며 마음속에 인간관계로 인한 피로감이 쌓이게 되죠.

심리학 이론에 따르면 타인과의 관계로 실망감과 피로와 고립감을 느끼는 '관계 번아웃'이 있다고 합니다. 이는 과로 때문에 오는 번아웃과 마찬가지로, 사람들을 만나고 교류하면서 외부적 압박과 충돌하고 자기 가치를 낮게 느끼게 되면서 생기는 번아웃입니다. 특히 불편한 사회적 상황에 지속적으로 노출되며 재충전의 시간을 제대로 갖지 못해 사회 활동에 대한 피로가 쌓일 때 이러한 상태에 빠지게 됩니다.

어떤 관계는 원한다면 끊어낼 수 있지만, 실제로는 사회생활이나 가족 관계에서 관계를 일방적으로 끊어내기 어려운 경우가 많습니다. 사람은 누구나 인간관계에 많이 의존하고, 한 번 맺은 관계는 되도록 유지하고 싶어합니다. 그래서 관계 때문에 힘들어도 표면적으로는 그 관계를 원만하게 유지하고, 스트레스를 받으며 속을 끓이게 되죠. 놓지도 못하지만 다 포용할 수도 없는 팽팽한 긴장감 속에서, 우리는 마치 줄다리기를 하듯 관계의 끈을 당기고 거기에 끌려가며 지쳐만 갑니다.

내가 편안해지는 데 필요한 공간 여섯 가지

✧

인간관계에서 '선 넘는다'는 표현을 쓸 때가 있습니다. 흔히 다른 사람이 내 사생활에 과하게 관여하거나 원치 않았던 조언을 할 때 쓰이는 말이죠. 상대방이 내 사생활의 세세한 부분까지 침범하는 경우, 내 기준에 따라 처리할 수 있는 일에 참견하는 경우, 내가 편하다고 생각하는 기준을 넘어서는 말이나 행동을 하는 경우 모두 선을 넘는 상황이라고 볼 수 있습니다. 그런 면에서 '선'은 내가 지향하는 타인과 나 사이의 공간을 의미한다고 볼 수 있습니다. 영어에도 사람과 떨어져 편안하게 느끼는 물리적·심리적 공간의 여유를 가리키는 'comfort zone(편안 지대)'이라는 말이 있습니다. 관계를 구분하는 적정선은 문화와 관계없이 사람들 사이에서 나를 지키는 데 꼭 필요한 요소라고 볼 수 있죠.

나를 유난히 소모시키는 느낌이 드는 관계는, 내가 어느 정도의 신체적·심리적 접근을 허락했던 사람이 내 공간에 너무 깊숙이 들어와 불편함을 줄 때 발생합니다. 어떻게 보면 당연하게도, 선을 넘는 사람은 나와 가까운 지인인 경우가 많습니다. 낯선 사람이나 나와 상관이 없는 이는 애당초 내 마음의 공간을 내어주지 않기에 내 공간을 지켜야 한다는 고민을 할 필요가 별로 없기 때문입니다. 그렇다면 이 '공간'은 구체적으로 무엇에 여유를 두는 공간일까요? 미국에서 관계 전문가이자 심리치료사로 활동하는 네드라 글로버 타왑Nedra Glover Tawwab은 인간관계에서 다음과 같은 여섯 가지 공간을 확보해야 건강한 관계를 지속할 수 있다고 설명했습니다.

여러분의 공간은 합당한 보호를 받고 있나요? 만약 현재 불편한 관계나 사회적 상황을 겪고 있다면 어떤 종류의 공간이 침범당하고 있는지 점검해보세요. 그리고 주변 사람들이 내 공간에 들어올 때 내가 그 순간에 어떻게 반응하는지 한번 생각해보시길 바랍니다. 앞에서 소개한 사례의 인혜 씨가 동료 간호사들과의 불편한

인간관계에 필요한 공간	공간 침범의 예	공간 보호의 예
불편한 접촉을 예방하는 신체적 공간	동료가 내게 원치 않는 신체 접촉을 함	포옹 등 신체 접촉을 거부하기
심리적 부담으로부터 거리를 둘 수 있는 감정적 공간	지인이 지극히 개인적인 가정사를 나누거나 잔인한 소재를 언급함	감정적으로 힘든 이야기를 피하기
생각과 의견을 존중받는 지적 공간	가족들이 내 의견을 무시함	내 생각을 존중할 것을 요구하기
내 소유품을 지키는 물질적 공간	룸메이트가 내 수건, 화장품을 사용함	내 물건이나 돈을 빌려주지 않기
과도한 일정으로 이어지지 않는 시간적 공간(여유)	친구가 약속 시간한 시간이 지나고 도착함	정한 시간이 지난 후에는 만남을 끝내고 집으로 향하기
내 성적 매력과 정체성을 존중하는 성적 공간	상사가 내 외모나 성적 매력에 의견을 표함	성적인 이야기가 불편하다 알리고 허용하지 않기

대화 자리에서 그랬듯이 조용히 그 상황을 넘기시나요? 인혜 씨가 엄마와의 대화에서 폭발하며 화를 낸 것처럼 불같이 화를 내며 반응한 적이 있으신가요?

어색한 상황을 만들고 싶지 않아서 이렇게 불편한 상황이 생겨도 싫은 내색 없이 참아왔을 수도 있습니다. 특히나 직장 동료나 이웃 사람처럼 매일 마주쳐야 하는 사람들과는 나에 대한 주변 평판에 흠이 가거나 단체 생활을 하는 데 지장이 생길까 봐 내뱉고 싶은 말들을 꾹꾹 눌러 담게 되죠. 하지만 관계를 완화시킨다고 생각했던 그 방법이 오히려 관계를 해치는 주범일 수도 있습니다. 왜냐하면 **내 불편함을 참는 동안 마음속에 서운함과 실망감이 쌓이고, 이런 감정이 상대방과 나 사이에 두터운 벽을 쌓기 때문입니다.** 감정은 솔직한 마음 상태이므로, 불편한 감정을 담아두고 있으면 감정이 자연스럽게 해소되지 않고 오히려 부적절하고 원치 않았던 방법으로 터져 나오게 됩니다(자세한 원리는 2장에서 설명합니다). 관계를 유지하려고 불편했던 감정들을 마음에 담아두다가 다른 이들에게 불같이 화를 내거나 우울증과 같은 마음의 병으로 번지는 등 일상생활에 문제가 생긴다면, 그 관계는 건강한 관계가 아니라고 볼 수 있습니다.

또한 불편한 관계를 참는 행위는 일종의 회피이기도 합니다. 대화가 어색해지거나 상대방이 불쾌해할까 봐 두려워 겉으로 괜찮은 듯 불편함을 무마하느라 정작 문제의 핵심에는 다가가지 못하는 거죠. 우리는 불안하면 두려움을 주는 대상에게서 벗어나고 싶어 도망가려 하며, 이는 자연스러운 현상입니다. 하지만 사실 회피는 마음과 관계에 일시적으로 평안을 주는 듯해도 장기적으로는 관계를 고칠 수 있는 기회를 앗아가 관계를 악화시킵니다(이 원리는 4장에서 더 자세히 설명하겠습니다). 인혜 씨도 사람들이 자기에게 불만을 느끼는 것이 두려워 그 불편하고 불안한 감정을 회피하고자 속마음을 숨기고 다른 사람들에게 자신을 맞추는 행동을 하고 있었습니다. 하지만 반복적인 회피는 인혜 씨의 머릿속에 행동 패턴으로 자리 잡아 불편함을 이겨내는 걸 방해하고, 결국 인혜 씨에게 불만과 관계 번아웃이라는 부정적인 결과를 가져왔습니다. 하지만 관계의 장기적 발전을 위해서는 문제를 직시하고 잘못된 부분을 개선하는 행동이 필요합니다. 따라서 의사 표현을 명확히 하지 않고 상대방의 불쾌한 언행을 마냥 참아내는 건 내 삶에 도움이 되는 태도가 아니라고 볼 수 있습니다.

그렇다고 내가 수용하는 공간을 침범하는 사람에게 큰 소리로 화를 내거나 싸움을 걸 수도 없는 노릇입니다. 만약 정말로 그러면 내 주변에는 아무도 남지 않게 되겠죠. 그러니 **과하지 않지만 무시할 수도 없는 적절한 정도의 바운더리와 그에 맞는 행동으로 내 안전지대를 침범하는 관계에 적당한 거리를 두어야 합니다.**

관계에서 자유로워지기 위해 기억해야 할 것

✦

그렇다면 어떻게 나 자신을 지키면서도 관계를 건강하게 유지하는 적정한 바운더리를 만들 수 있을까요? 그 과정은 바로 관계에 대한 집착을 내려놓는 데서 시작합니다. 인간관계는 연연하고 얽매일수록 더욱 어려워지기 마련이죠. 관계의 바운더리를 만들 구체적인 행동을 소개하기에 앞서, 먼저 관계에 관한 흔한 고정관념과 잘못된 공식을 짚어보고 관계에서 자유로워지는 마음가짐을 살펴보도록 하겠습니다.

1. 관계는 자연스럽게 변합니다

인기 있던 드라마 〈응답하라 1998〉에 주제곡으로 나온 〈걱정 말아요 그대〉라는 노래를 아시나요? 이 노래에는 "지나간 것은 지나간 대로 그런 의미가 있죠"라는 가사가 있는데, 삶의 자연스러운 흐름에 대해 알려주는 지혜가 담겨 있어 들을 때마다 마음이 뭉클해지는 말입니다. 저는 이 노래를 들으며 내 곁을 지나쳐 간 사람들 생각을 많이 합니다. 삶을 살아가면서 내게 왔다가 가는 것들 중 대표적인 것이 바로 주변 사람들과의 관계입니다. 학창 시절 친했던 친구들, 함께 청춘을 보낸 동기들, 매일 데이트를 즐기던 옛 연인 등, 그토록 가까웠던 사이도 시간이 지나감에 따라 잊히기도 하고 예전 관계가 떠나간 자리에 새로운 관계가 맺어지기도 합니다.

흔히 관계가 만들어지고 떠나가는 과정에서 큰 불안감과 실망감을 경험하고, 멀어지는 관계를 붙잡으려고 온갖 노력을 쏟아부으며 감정적으로 에너지를 크게 소비하기도 합니다. 하지만 실제로는 노력을 하면 할수록 그 사람과의 사이는 더 어려워집니다. 내 본연의 모습이 나오는 것이 아니기에 교류도 부자연스러워지고, 상대방의 눈치를 보느라 같이 보내는 시간의 즐거움을 느낄 수 없게 되기 때문입니다. 상대방의 마음은 내가 통제할 수 있는 것이 아닌데도 자꾸 상대방의 마음(그리고 자신의 마음까지)을 통제하려 하는 거죠. 하지만 이런 노력은 밑 빠진 독에 물을 붓듯 허사로 끝나기 마련이고, 결국 관계를 잃고 허무함과 소진감만 남게 됩니다.

관계에 연연하지 않기 위해서는 **관계의 형성과 끝맺음의 과정을 계절이 흘러가듯 지나가는 하나의 에피소드처럼 받아들여야 합니다.** 관계란 그 양상이나 관계에 열중하는 정도가 자연스럽게 변하기도 하고 그 안에서 느끼는 감정도 달라지기 때문입니다. 물론 사람들과의 관계를 전부 놓고 소홀히 하자는 뜻은 아닙니다. 내가 통제할 수 있는 범위 밖에 있는 비생산적인 기대를 내려놓고, 관계를 좀 더 유연하고 자연스럽게 흘러가는 것으로 받아들이자는 이야기입니다. 지금은 잠시 관계가 약해졌더라도 언젠가 더 알맞은 시기에 적정한 노력을 들여 관계를 굳건하게 만들 수 있다는 유연한 생각을 키우면, 관계가 주는 압박으로부터 나를 보호할 수 있습니다.

2. 모든 관계가 좋은 관계일 필요는 없습니다

아이들이 어린이집이나 유치원에서 첫 사회생활을 시작할 때

가장 많이 듣는 말은 무엇일까요? 아마 "친구들이랑 다 같이 사이 좋게 지내!"가 아닐까 싶습니다. 우리는 어려서부터 관계를 해치는 행동은 나쁘다고 배웠고, 이 때문에 성인이 되어서도 좋은 교우 관계를 유지하는 걸 중요히 여깁니다.

하지만 이 어린 시절의 가르침에 갇혀 관계에 집착하는 경우도 흔히 볼 수 있습니다. 나와 맞지 않는 사람들과도 잘 지내려고 무리하게 노력하며 감정을 소모시키는 모습이 그중 하나입니다. **우리가 만나는 사람들은 각자 다양한 배경과 경험을 가지고 있기 때문에 어떤 사람은 더 가깝게 느끼고 어떤 사람과는 마찰이 생기는 것이 당연합니다.** 그래서 좋은 관계를 유지한다고 어쩔 수 없이 어긋나는 부분까지 남에게 맞춰주려고 애를 쓴다면 오히려 관계가 틀어지게 됩니다.

힘들게 붙들고 있는 관계가 있다면 그 사람에게서 자유로워지는 것을 스스로에게 허락해보세요. 관계를 좋게 만들려는 압박을 내려놓을 때 비로소 내면에 에너지가 채워지고, 다른 관계에 더 집중할 수 있는 여유도 생겨납니다. 눈앞에서 멀어져도 괜찮고, 연락이 뜸해져도 좋습니다. 필요하면 평생 안 보고 산다고 마음먹고 관계를 끊어도 괜찮습니다. 내게 더 이상 의미 있는 연결을 만들어주지 못하는 관계라면, 이제 놓아줘야 할 때입니다.

3. 내 마음이 편안해야 건강한 관계입니다

나보다 남들의 의견과 감정을 우선시하는 '착한아이증후군'이라는 말을 들어보셨나요? 이런 성향을 보이는 분들은, 다른 사람들을 만족시키지 못하면 관계가 무너지고 사람들이 자신을 떠날 것이란 불안 때문에 불편함을 감수해서라도 다른 사람이 원하는 대로 행동하게 된다고 이야기합니다(자세한 내용은 2장을 참조하세요). 그 뜻은 이들이 인간관계에서 오는 만족도와 그 관계의 건강함을 다른 사람의 표정, 말, 행동과 같은 외부의 단서에서 찾는다는 말이 되겠죠(예: '그 사람이 내 농담에 웃었으니 그 사람은 나를 좋아하고, 이 관계는 좋은 관계야'). 하지만 이 추론 방법에는 몇 가지 문제가 있습니다.

첫째, 우리에게는 다른 사람의 마음을 정확하게 읽어낼 능력이 없습니다. 감정을 표현하는 방법은 사람마다 다르고 이를 똑같이 읽어낼 방법은 존재하지 않기 때문에, 누군가가 정말 내게 호의를 가지고 있고 그 사람이 내게 마음을 얼마나 내어줄지는 겉으로 보이는 모습만으로는 가늠할 수 없습니다. 따라서 상대방의 반응을 관계의 잣대로 삼는다면 정확하지 않은 판단을 내릴 가능성이 커집니다.

둘째, 상대방을 만족시키는 관계라 할지라도 결국 내가 헛헛함과 피로감을 느끼게 된다면 그 관계의 가치는 낮아집니다. 아무리 내가 누군가를 좋아해서 그 사람에게 열성을 다해 호의를 베풀더라도, 결국 내게 득이 되는 관계는 내 가치관을 풍부하게 하고 나를 사회적으로 단단하게 연결해주는 관계입니다. 그러니 **'이 사람과의 관계가 건강한가'라는 질문의 답은 나 자신에게서 찾을 수 있습니다.** 내가 이 사람과 소통하며 보람을 느끼는지, 이 사람과 있을 때 무슨 감정을 느끼는지, 이 관계를 통해서 연결된 정서와 유대감을 느낄 수 있는지를 고민해보세요. 그러면 이 관계가 건강한 관계인지, 앞으로도 유지해야 할지 판단할 수 있습니다.

관계의 바운더리 유형 세 가지

✧

관계에 적정한 바운더리를 정한다는 것은 다른 사람에게 나를 내어주는 정도, 그리고 나를 챙기는 범위를 의식적으로 정하고 이 범위를 지키기 위한 행동을 실천함을 의미합니다. 혹자는 '정이 없다', '매정하다', '한국 정서에 맞지 않는 소리다'라고 하며 바운더리의 필요성을 깎아내리기도 합니다. 그러나 이는 바운더리의 목적과 기능을 '이기적인 욕구를 채우는 것'이라고 잘못 이해해서 나오는 이야기입니다.

관계의 바운더리는 우리가 '원하고 필요로 하는' 관계가 무너지지 않고 튼튼하게 오래가도록 하는 예방책입니다. 물론 단기적으로는 내가 정한 바운더리가 상대방의 기분을 상하게 하고 일시적으로 관계에 지장을 줄 수 있습니다. 하지만 이런 바운더리가 있어야

바운더리

장기적으로 내게 중요한 가치를 지키고 서로를 존중하며 더 돈독한 관계를 유지할 수 있습니다. 예를 들어, 인혜 씨가 선배에게 자신의 의견을 밝히면 선배는 그 순간에는 당황하고 방어적인 자세를 취할 수 있지만, 장기적으로 이 대화를 통해 둘은 서로를 깊이 이해하고 더 강한 유대감을 쌓을 수 있습니다. 관계의 모든 부분에 문제를 제기하는 것이 아니라 관계의 '일부'가 불편하다는 걸 알아채고, 그에 관해 소통함으로써 문제가 되는 부분을 고쳐 더 건강한 관계로 발전하는 것이죠.

그렇다면 구체적으로 어떤 형태의 바운더리를 만들어야 건강한 관계를 만들 수 있을까요? 관계의 바운더리 유형은 크게 세 가지로 정리할 수 있습니다. 이 개념을 좀 더 쉽게 이해할 수 있도록, 바운더리를 '내 영역을 지키는 여러 가지 담장'에 빗대어 설명하겠습니다.

딱딱한 형태의 엄격한 바운더리(강철 장벽)

빈틈 없는 철벽과 같은 엄격한 바운더리는 상대방과 나 사이에 감정이나 시간 같은 내적·외적 자원의 교류를 허용하지 않습니다. 이런 바운더리는 관계의 태도가 너무 방어적이거나 완벽주의 성향이 있어 상대방에게 높은 기대치를 요구할 때 자주 나타납니다. 이 바운더리는 상대방에게 감정이나 에너지를 소모하지 않아도 된다는 장점이 있지만, 그만큼 관계를 더 발전시키지 못해 상대방과 멀어지게 된다는 단점이 있습니다. 인간적인 모습이나 유연하게 대처하는 모습을 보여주지 못해 관계가 단절되는 결과로 이어지기도 하죠. 만약 인혜 씨가 동료들과 아무런 사생활도 나누지 않는다거나 엄마가 주는 그 어떤 충고도 용인하지 않는다면, 이런 모습은 엄격한 바운더리에 해당합니다.

구멍이 많은 헐거운 바운더리(그물 벽)

헐거운 바운더리는 형태도 불분명하고 투과성이 높은 그물 같은 바운더리로, 상대방의 의견과 행동을 그대로 수용해 내 삶의 기준이 흔들리도록 내버려두며 상대방의 요구를 우선순위에 두고 자신의 행동을 그 기준에 모두 맞춥니다(착한아이증후군이 있는 사람이 대표적인 예입니다). 이러한 바운더리는 상대방에게 좋은 인상을 심어주지만, 자립성을 떨어뜨리고 관계 번아웃에 매우 취약한 상태가 되도록 만듭니다. 인혜 씨가 동료들이 자신에게 과한 관심을 보여 불편함을 느꼈는데도 아무런 말도 하지 못한 경우가 헐거운 바운더리를 보여주는 예입니다.

적절한 흐름을 돕는 건강한 바운더리(문이 있는 단단한 담장)

건강한 바운더리는 융통성이 있지만 내 배려와 노력이 적정선을 넘지 않고, 내가 세운 기준에 따라 적당한 정도로 감정의 교류가 이루어지는 바운더리입니다. 스스로는 보호하되 상대방에게 허용

가능한 배려를 베풀며 건강한 에너지를 주고받는 관계를 형성하는, 가장 이상적인 형태의 바운더리죠.

　이런 바운더리가 있는 사람은 다른 사람들의 요구에 순응하기만 하는 대신 내게도 엄연히 선택권이 있음을 인지하고, 어떤 선택지를 고르고 얼마나 상대에게 내어줄지 적정선을 정합니다. 인혜 씨가 동료들의 편의도 적절히 봐주고 그들을 이해하되, 불편한 행동은 자신의 솔직한 마음을 이야기하며 제지했다면 건강한 바운더리를 지켰다고 볼 수 있겠죠. 이런 바운더리는 내 영역을 지킬 뿐만 아니라 관계를 건강하고 돈독하게 다지는 데도 매우 효과적입니다.

사회성 증진과 바운더리

✧

관계의 바운더리는 개인의 성장과 사회성 증진에도 큰 도움을 줍니다. 미국 대학생 247명을 대상으로 이루어진 한 연구에서는 바운더리가 헐거운 사람은 스스로를 과소평가하거나 자책하기 쉬운 자기분열self-splitting 경향을 보일 확률이 높다고 밝혔습니다. 남들의 의견이나 감정에 휘둘리느라 정작 자신이 지향하는 가치나 행동이 우선순위에서 밀려나고, 이 때문에 앞서 이야기한 관계 번아웃에 빠질 위험이 생긴다는 뜻이죠. 그 과정에서 본인의 의견은 점점 힘을 잃어가고, 불편한 감정이 생기는 게 자신 탓이라고 여기게 됩니다.

반대로 사회 관계에서 적정선을 유지할수록 자존감이 향상되는 경향이 있었습니다. 바운더리가 단단하고 명확하면 내가 무엇을 원하고 내 삶의 가치관이 무엇인지 더 정확하게 인식하고, 자연히 결정을 자기중심적으로 둘 수 있기 때문입니다.

건강한 바운더리가 직접적으로 인간관계에 도움을 준다는 연구 결과도 다수 있습니다. 청년 300명을 조사한 한 연구에서는 너무 관대한 바운더리가 불안정한 애착 성향과 유의미한 관계가 있다는 사실이 드러났습니다. 연구자들은 이를 두고 다른 사람에게 자신을 내어주며 더 많은 것을 허용하면 관계가 불건전한 방향으로 변하고 그 관계에 빠져들 위험도 높아지기 때문이라고 설명했습니다. 또한, 바운더리가 약한 사람은 자신을 위한 사회적 지지가 적다고 느낀다는 결과도 있습니다.

연구의 방법론상 사회적 지지가 약하면 바운더리도 약해지는 것인지, 아니면 반대로 헐거운 바운더리가 사회적 지지를 약화하는지 인과관계는 명확하게 알 수 없습니다. 하지만 바운더리와 실제 사회관계가 서로에게 밀접한 영향을 준다는 사실은 분명하게 알 수 있습니다. 즉, 스스로를 지키는 기준선 없이 상대방에게 모든 걸 주기만 하는 태도는 관계의 신뢰도와 활력을 떨어뜨려 사회적 연결을 저해한다는 뜻이죠. 반대의 경우도 마찬가지로, 다른 사람들과 두터운 관계를 형성하지 못하면 사랑과 인정을 받고 싶은 마음에 남들의 의견에만 따르는 행동을 할 위험이 높아집니다.

반대로 명확한 바운더리를 가지고 상대방을 대하는 사람들은 관계에서 더 큰 만족감을 느낍니다. 이런 사람들은 가까운 사람을 더 잘 이해하고 존중과 배려의 마음으로 타인과 교류하며, 자연히 타인에게 좋은 영향을 받고 그 사람과 함께 공동 목표common goal를 지향하며 높은 가치를 추구할 확률도 더 높아지기 때문입니다.

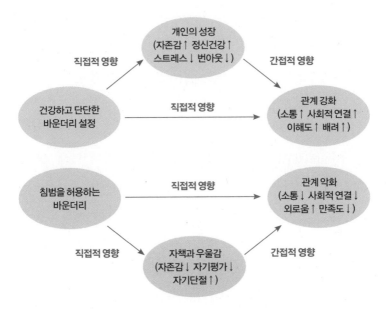

내 바운더리가 존중받지 못한다면

✧

내가 열심히 고민해서 다른 사람들과의 바운더리를 만들어도, 내 기준선이 상대방으로부터 존중받지 못하고 침범당하는 경우가 생길 수도 있습니다. 특히 한국 사회 특성상 개인의 바운더리가 공동체에서 환영받지 못할 수도 있겠죠. 타인의 감정에 무디거나 자신과 내 영역을 구분할 필요성을 느끼지 못하는 사람이라면 더더욱 내가 정한 바운더리를 이해하지 못할 수 있습니다. 내가 상대방의 거리감이 너무 가깝다고 느껴 불편함을 나타내도 "우리 사이에(가족끼리) 왜 이래?", "너 너무 예민하게 군다. 정 없게"와 같이 내 마음 상태를 배려하지 않는 반응이 돌아오기도 합니다. 또한, 군대나 회사같이 규율이 엄격하고 조직 문화를 중시하는 집단에 속한 경우도 바운더리를 시행하기 어려울 수 있습니다.

바운더리의 필요성을 느끼는 분들 중에서도 이런 상황에서 인간관계의 바운더리를 혼자만 실행하면 사회생활이 어려워질 것 같다는 염려를 표하는 분들도 많습니다. 예를 들어, 직장 상사가 내 의사를 고려하지 않고 불편한 지시를 내린다거나, 마감일을 앞두고 팀원 전체가 야근을 하는 경우에는 그 상황을 거부하고 독단적 행동을 하기 어렵습니다. 이런 경우에는 집단 구성원들이 나를 '도움이 되지 않는 구성원'으로 여길 위험도 커집니다. 이럴 땐 다음 내용을 염두에 두고 바운더리를 조정해보면 됩니다.

1. 바운더리의 중점은 '나 자신'에 있습니다

바운더리의 기능은 상대방의 행동에 상관없이 '내가' 스스로 설정하고, '내가' 통제할 수 있는 부분을 구체적으로 조절하는 데 있습니다. 상대방에게 내어줄 적절한 거리가 어디까지인지 범위를 조정하면서 말이죠. 즉, 바운더리를 정할 때는 상대방의 행동에 '내가' 어떻게 대응할지에 초점을 맞추어야 합니다. 만약 인혜 씨가 선배의 말이 불편하다면 그 선배와의 자리를 피함으로써 물리적 거리를 둘 수 있습니다. 물론 선배에게 행동을 바꾸어달라고 직접 부탁할 수도 있겠지만, 결국 선배가 말하는 걸 멈추도록 물리적 제재를 가할 수는 없습니다(선배의 입을 두 손으로 막을 수는 없는 노릇이니까요!).

인혜 씨가 마음이 불편하다고 선배에게 표현하면, 그 다음에 선배가 할 행동은 선배의 몫입니다. 인혜 씨에게는 선배의 행동을 통제할 수 있는 권리나 힘이 없습니다. 대신 인혜 씨는 스스로의 행동을 통제할 수 있습니다. 이렇듯 다른 사람의 말이 불편하게 느껴진다면 그런 사실을 내 쪽에서 알리고, 같은 일이 발생했을 때는 자리를 피하는 것과 같이 내 행동에 변화를 주면 됩니다. 내게 선택권이 있다는 것을 기억하는 것만으로도 우리는 상황을 통제하고 내가 할 수 있는 일을 찾아갈 힘을 얻을 수 있습니다.

2. 바운더리는 가치 있는 것을 지키려는 노력입니다

바운더리를 익히는 이유가 내 '마음건강'이라는 중요한 삶의

가치를 지키기 위함이지만, 나를 힘들게 하는 상황·사람·집단에
도 '사회생활'이나 '커리어'라는 다른 종류의 가치가 있습니다(특히
나를 불편하게 하는 사람들이 내 성장에 중요한 학교나 직장에서 만나는 사람
들이라면 더욱 그렇겠죠). 만약 내 바운더리가 중요한 만큼 사회생활
을 잘하는 것도 중요하다면 바운더리를 포기해야 할까요?

조직 문화나 규율 때문에 개인의 목소리가 힘을 발휘하지 못
할 때도 바운더리는 존재해야 합니다. 다만, 두 가지 가치를 모두 염
두에 두고 현실적이고 실행 가능한 바운더리를 어떻게 만들지 고민
하는 작업이 중요합니다. 내 불편함을 무릅쓰고 이 집단에서 활동
하는 것이 충분한 의미와 가치가 있는지, 미움 받을 각오를 해서라
도 지켜야 하는 최소한의 바운더리가 어디까지일지는 스스로 판단
해야 합니다.

직장 내 바운더리는 많은 사람들에게 아슬아슬한 주제입니다.
직장 동료들과의 문제로 고통을 호소하시는 분에게 저는 먼저 직장
생활을 하는 데 가치가 있는지 고민한 후, 그 안에서 중심을 잡고
지켜야 하는 최소한의 바운더리로 무엇이 있을지 생각해보라고 제
안을 드립니다. 최소한의 존중도 못 받는 상황, 내 삶에 가치를 채워
주지 않는 관계로 고통받는다면 어쩌면 떠날 용기가 필요할 수도 있
습니다. 물론 그 결정에는 많은 위험이 따르겠지만, 결국 나를 불행
하게 만드는 삶을 고집할 필요는 없습니다. 내 삶과 가치관은 내가
나서서 지키지 않으면 아무도 지켜주지 않기 때문입니다.

제게도 함께 일하는 사람들에게 바운더리를 굳건하게 시행해야 했던 상황이 여러 번 있었습니다. 대학을 갓 졸업하고 의대에서 연구원 생활을 할 때 밤낮과 주중·주말을 가리지 않고 문자 메시지로 일 독촉을 받은 적도 있었고, 명절에도 100장이 넘는 논문의 영어 수록분을 교정하라고 요구받은 적도 있었습니다. 매일 출근하기가 너무 두려웠지만 막내라는 위치에서 제가 할 수 있는 일이 없다고 느꼈고, 그 상황에서 벗어나려고 당장 연구소를 그만둘 수도 없었습니다(저는 그때 연구 성과를 내서 대학원에 지원하겠다는 큰 목표와 가치가 있었기 때문입니다).

그렇기에 저는 스스로를 지키기 위한 명확한 바운더리를 만들어야 했습니다. '버릇이 없다,' '욕심이 많다' 같은 공격을 받으면서도 저는 공정하고 존중받는 협력을 위해 목소리를 냈고, 필요 이상의 접촉은 피하며 거리를 두었습니다. 제가 아랫사람이니 모두 다 참고 받아주어야 했을까요? 다시 그 상황으로 돌아간다고 해도 저는 바운더리를 지키는 결정을 했을 겁니다. 아마 다른 연구원들의 폭언과 강압적인 행동을 계속 허용했다면 저는 연구소 일, 나아가서는 연구 자체에 대한 흥미를 잃었을 수도 있습니다. 그 힘들었던 시절 제가 최소한의 바운더리라도 지키려고 최선을 다했기에 저는 연구소에서 좋은 연구 업적을 남기고 대학원에 진학할 수 있었고, 지금도 심리학을 연구하며 매일 즐겁게 커리어를 쌓아 나가고 있습니다.

3. 바운더리는 내 삶에 맞게 조절할 수 있습니다

앞서 건강한 바운더리는 단단하지만 문이 있고, 우리는 그 문을 열고 닫으며 내 마음의 감정 소모를 얼마나 허용할지 정할 수 있다고 설명했습니다. 이 문의 목적은 바운더리를 엄격하고 한정된 공간에서만 적용하는 게 아니라 **올바른 시기에 유연하게 바운더리를 조절하기 위함**입니다. 내 가치가 시간에 따라 변화하듯이 인간관계 또한 자연스럽게 변하기 마련입니다. 따라서 일전에 정해놓은 바운더리가 있다고 해서 융통성을 발휘하지 않고 기존의 바운더리에만 집착하면 바운더리는 더 이상 제 효능을 발휘하지 못하고, 다시 관계 안에서 마음의 상처를 받게 됩니다.

바운더리가 바뀌는 계기에는 여러 가지가 있지만, 그중 가장 큰 요인은 살면서 누구나 겪는 인생 주기의 변화입니다. 어떤 사람들은 학생에서 직장인이 되기도 하고, 결혼을 하거나 자녀를 갖게 되기도 합니다. 그러면서 자연히 삶의 가치가 이전과는 달라지게 되죠. 예를 들어, 20대에 많은 사람들을 만나 즐거움이 가득한 삶을 사는 것을 지향하던 사람이 30대에 자녀를 출산한 후에는 가족과 가정생활의 안정을 지향하게 되기도 합니다. 그러면 자연스레 다른 이들에게 시간적·물질적 공간을 더 제한적으로 내어주는 바운더리를 선호하게 됩니다. 또한 재정적으로 불안정한 사회 초년생 시기에는 친구들과도 바운더리를 엄격하게 적용했지만 커리어를 쌓고 승진하면서 금전적·시간적으로 여유롭게 바운더리를 바꾸기도 합니다. 그러므로 한 번 설정한 바운더리에 집착할 필요 없이 바운더리를 꾸준히 재정비하면, 지금 내 상황에 바운더리를 더 알맞게 적용하거나 더 좋은 방향으로 발전시킬 수 있습니다.

하지만 **유연하다**flexible**는 건 헐겁다**lax**는 뜻이 아닙니다.** 유연한 바운더리는 상황과 가치관에 따라 더 효과적인 방향으로 기준선을 조정하고, 이는 더 나은 방향으로 삶을 개선할 힘을 길러줍니다. 반면 헐거운 바운더리는 내 중심을 잃고 다시 외부에 휘둘리는 관계를 허용하는 결과로 이어집니다. 다시 말해 전자는 '나 자신'이 중심이 되고 후자는 '타인'이 중심이 된다는 뜻입니다. 바운더리가 나를 보호할 목적으로, 내가 원하는 관계를 만들기 위해 정하는 기준이라는 것을 기억하면 바운더리를 더 좋은 방향으로 조절할 수 있습니다.

관계의 바운더리가 제대로 기능하려면 상대방에게 내가 원하는 바를 명확하게 전하며 소통해야 하지만, 만약 이런 시도가 잘 받아들여지지 않는다면 상대방을 변화시키려고 하는 마음을 내려놓고 내가 어떻게 반응해야 할지를 먼저 결정한 후 실제 행동으로 바운더리를 시행해야 합니다. 만약 내 바운더리가 다른 가치와 상충하는 경우, 내가 어디까지 허용할 수 있을지 판단하고 그 기준선이 넘는 행위는 거부하며 스스로를 지켜내려는 노력을 해야 합니다. 그것이 대화하던 자리를 피하거나 인간관계를 끊는 것일지라도 말이죠. 마지막으로, 바뀌어가는 내 상황과 감정에 맞게 바운더리를 검토하고 꾸준히 개선해야 합니다. 이 과정이 인간관계에서 내 마음건강을 지키는 바운더리를 만드는 핵심입니다.

앞에서 소개한 바운더리의 세 가지 요점을 활용해 자신의 상황을 점검하고 싶은 경우, 다음 순서도를 살펴보며 내 상황을 점검해보세요.

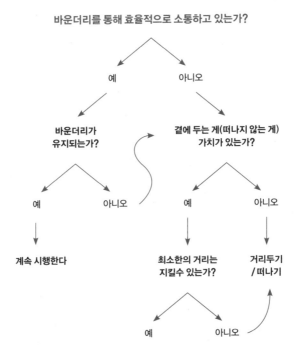

바운더리

행동의 중심에 나를 두는 마인드셋

우리는 자신과 다른 배경에서 자라고 자신과 상충하는 가치관을 가진 다양한 사람들과 함께하기 때문에 인간관계에 있어서도 기준선을 침범받기 쉽습니다. 그러므로 내 가치관을 지키고 그에 충실하게 살아가려면 내게 중요한 게 무엇인지 명확하게 인지하고 있어야 합니다. 다시 말해, 내게 중요한 가치관을 인지하는 단계가 인간관계의 바운더리를 설정하는 첫걸음이라고 볼 수 있습니다. 그리고 그 가치관에 따라 내가 다른 사람들 앞에서 어떻게 행동해야 할지 가닥을 잡아가면 되겠죠.

건강한 인간관계의 바운더리를 생성하는 데 필요한 구체적인 마인드셋을 알아보고, 이를 어떻게 실천으로 옮길 수 있는지 이야기해보도록 하겠습니다.

마인드셋 기르기 ①
: 내 가치관을 행동의 중심에 두기

✧

바운더리를 통해 지키고 싶은 영역을 정하려면 먼저 내 삶의 가치관을 구체적으로 생각해보아야 합니다. 나만의 중심과 가치관을 찾으려면 내 감정과 생각을 파악하는 것이 첫 단계겠죠. 내 내면을 들여다보고 내가 현재 겪는 경험을 이해한 후, 내게 지금 무엇이 필요한지 파악하면 나 자신이 행동의 중요한 지표가 됩니다. 이 과정이 없다면 판단의 중심을 잃고 타인의 의견에 휩쓸려 내가 원하지도 않던 행동을 하게 될 수 있습니다. 인혜 씨가 자신이 지켜내고 싶은 것을 뚜렷하게 이해하지 못해 직장 동료들과의 관계 속에서 방향성을 잃고 불편함을 느꼈던 것처럼 말이죠. 다음 질문을 살펴보고 내가 추구하는 삶의 목적은 무엇인지, 나는 어떤 상황과 행동에서 삶이 채워진다는 느낌을 받는지 생각해보세요.

- 나는 어떤 순간에 만족감을 느끼는가?
- 내 결정이 내가 원하는 방향으로 나를 이끄는가?
- 자유 시간이 주어진다면 그 시간을 어떻게 보내고 싶은가?
- 행복했던 기억 속에서 나는 무엇을 하고 있었나?

내 내면과 연결되어 내가 무엇을 원하는지 알게 되었다면 이

제 그 가치를 내 삶의 중심에 두는 연습을 할 차례입니다. 바깥세상에서 내게 다른 가치를 부여하려고 해도, 그런 이야기는 잡음이라 여기고 넘기며 묵묵하게 내 길을 가는 데 집중할 힘을 길러봅시다.

내 삶이 향하는 곳

드넓은 바다에서 배를 타고 목적지를 향해 먼 길을 떠난다고 상상해봅시다. 선장은 바로 나 자신이고, 이 작은 배를 무사히 저 멀리 목적지까지 몰고 가야 합니다. 항해하는 길은 순탄치 않습니다. 잔잔한 물결 위를 가르며 나아가는 날도 있지만, 바람이 세게 부는 날이나 태풍이 몰아치는 날도 있습니다. 폭풍우를 만날 때마다 배는 심하게 흔들리고, 거의 뒤집힐 뻔하기도 합니다. 이렇게 어려운 상황을 만나도 내 안에 목적지로 가고 싶다는 의지가 여전히 살아 있나요? 그 목적지가 내 삶의 중심으로 삼을 만한 가치가 있는 목적지인가요?

다음 그림의 빈칸을 채우며 내 삶의 중심에 두고 싶은 가치관을 생각해보세요. 그리고 그 가치관을 지키고 발전시키며 살아갈 수 있는 행동이 무엇일지도 생각해봅시다. 만약 내 가치관이 다른 사람들의 의견이나 요구와 상충한다면 그 가치관을 지키기 위해 인간관계에서 생길 불편함도 감수할 수 있을지 스스로에게 질문해보며 삶의 중심을 잡아보세요.

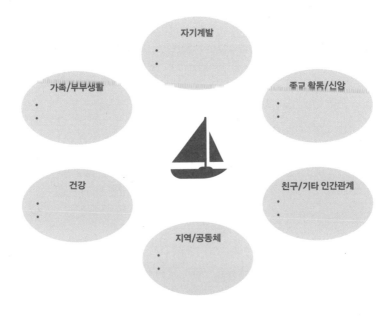

앞 사례에서 소개했던 인혜 씨의 경우 본인의 삶에서 인간관계, 특히 마음이 맞는 사람들과의 깊은 유대감이 매우 중요하다는 것을 깨달았습니다. 그래서 동료와의 마찰이 특히나 불편하게 느껴졌던 것이죠. 하지만 효율적인 바운더리를 만들면 인혜 씨가 좋아하는 사람들과 더 오래, 행복한 관계를 맺을 수 있을 것이라는 믿음을 중심에 두고 자신의 가치관을 지키기 위해 어떻게 행동할지 결정하기로 했습니다. 이렇게 내 가치관을 파악했다면, 이제 그 가치관에 맞게 다른 사람들과 소통할 단계입니다.

마인드셋 기르기 ②
: 말의 내용과 태도 구분하기

♦

인혜 씨의 사례를 보면 자신의 솔직한 마음을 동료나 가족에게 표현하기 어려워서 혼자 속을 끓이는 모습을 볼 수 있습니다. 이런 상황은 사실 누구나 겪게 되는 일입니다. 특히 한국 문화는 오랫동안 다른 사람들 앞이나 공동체 안에서 자신만의 의견을 내세우는 것을 바람직하지 않은 행동으로 여겼습니다. 그래서 개인의 솔직한 마음을 표현하면 다른 사람들이 이를 이기적이고 공격적인 행동으로 받아들여질 가능성이 높습니다.

하지만 여기서 중요한 건, 솔직한 마음을 전한다고 해도 그 내용을 상대방이 공격적으로 받아들이지 않도록 표현하는 방법이 있다는 점입니다. 발화의 구성 요소는 크게 '내용'과 '태도' 두 가지로 나뉩니다. 내용은 발화를 통해 전달하려는 의사를 뜻하고 태도는 그 의사를 전달하는 자세나 분위기를 뜻합니다. 이 둘은 별개의 요소이지만 하나로 취급되는 경우가 많습니다. 나쁜 인상을 주기 싫어서, '좋은 사람'이 되고 싶어 솔직한 마음을 표현하지 못하는 행동도 이런 경우에 해당되죠.

그러나 **명확하고 단호하면서도 자상한 태도를 유지하면서 의사를 표현할 수 있습니다.** 즉, 거절도 부드럽게 할 수 있다는 이야기입니다. 모든 거절이 냉정하거나 공격적인 태도로 이루어지지는 않

는다는 뜻이죠. 다음 도표를 살펴보고, 여러분은 어떤 방식으로 의
사를 표현하는지 생각해보세요.

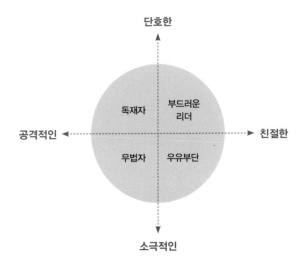

- **독재자 성향**: 이 유형은 단호하고 명확하게 의사를 표현하지만
  그 전달 과정에서 공격적·폭력적인 태도를 드러냅니다. 이런 사
  람들은 강한 카리스마가 있지만 이기적이며, 상대방을 불편하게
  만들어 관계에 분열을 가져올 수 있습니다(예: 강압적인 회사 대표
  가 사원들의 의견을 무시한 채 자신의 주장을 밀고 나감).
- **무법자 성향**: 이 유형은 흔히 '수동 공격형'이라고도 불리며 의
  사 전달에 소극적·수동적이지만 태도는 공격적입니다. 생각을
  파악하기도 어려울 뿐만 아니라 태도도 협력적이지 않기 때문

바운더리

에 상대방이 소통 과정에서 소진감을 느끼기 쉽습니다(예: 백화점 VIP 고객이 우아한 말투로 매장 직원을 무시하는 발언을 함).

- **부드러운 리더 성향**: 이 유형은 하고 싶은 말이 분명하며 그 내용을 흔들림 없이 전하면서도 부드러운 태도를 유지합니다. 상대방의 기분이 나빠지지 않는 선에서 명확하게 의사를 전달해 상대방에게서 신뢰와 존중을 얻습니다(예: 축구 국가 대표팀 감독이 자신의 소신에 따라 선발팀을 구성했음을 침착하고 부드럽게 대중에게 전달함).

- **우유부단 성향**: 이 유형은 의사를 명확하게 표현하지 않고 소극적인 태도를 보이며, 이 때문에 상대방이 소통 과정에서 답답하다고 느끼는 일이 많습니다. 또한, 수직적인 조직 문화에서는 무시당하거나 이용당하기 쉬워 부당한 상황에 처하는 경우가 많습니다(예: 소극적이고 겁 많은 학생이 인기가 많은 같은 반 아이에게 심부름꾼으로 이용당함).

인혜 씨의 경우 직장에서는 우유부단한 성향을 보이고, 가족들에게는 공격성을 분출하는 무법자의 성향도 보입니다. 이 두 성향은 소극적인 태도 때문에 중요한 의사를 잘 전달하지 못한다는 공통점이 있죠. 의사 표현의 바운더리를 잘 설정하면 핵심적인 내용을 놓치지 않으면서도 따뜻한 태도로 의사를 전달할 수 있습니다. 이 사실을 기억한다면 주변 사람들과 나 자신 모두를 배려하며 관계를 이어 나가는, 내 삶을 이끄는 리더가 될 수 있습니다.

단호하고도 따뜻한 대화 방법

많은 분들이 단호하게 의사를 밝히는 일을 두려워하지만, 사실 단호한 의사 표현은 의사를 확실히 전달하고 업무 효율성과 팀워크를 높이기에 많은 집단에서 선호하는 소통 방식입니다. 하지만 단호함에만 집중하느라 부드러운 태도를 갖추지 않으면 공격적으로 소통하게 될 위험이 있죠.

대화에서 어려운 주제를 꺼내야 하는데 막상 상대방과 만나는 자리에서 단호하게 의사를 표현하기가 어렵다면, 어떻게 효율적으로 내 의사를 전달할 수 있을지 미리 구상하는 것도 좋은 방법입니다. 다음 내용에 제시한 표처럼 내가 '정말' 전하고 싶은 내용을 적고, 의사를 표현할 때 어떠한 태도를 보이고 싶은지(어떤 느낌을 상대방에게 주고 싶은지) 생각해본 후, 실제 어떤 말로 표현하면 좋을지 적으며 내 인간관계의 바운더리를 밝힐 상황의 대본을 만들어보세요.

마인드셋 기르기 ③
: 눈치 보는 뇌 다스리기

✧

한국어에 '눈치 본다'라는 표현이 있습니다. 내가 하고자 하는 행동이 다른 사람들이 납득할 만하거나 그들이 원하는 것인지 파악하기 위해 외부 요소에 주의를 집중하는 행동을 뜻하는 말이죠. 이

바운더리

전하고 싶은 내용	갖추고 싶은 태도	실제로 할 말
남자 친구 이야기를 공적인 자리에서 하고 싶지 않다.	따뜻함, 친근함, 겸손함	"선배님, 제게 신경 많이 써주셔서 항상 감사합니다(겸손, 친근). 제가 동료들이 모인 자리에서는 남자 친구 이야기를 하기가 좀 불편해서, 혹시 궁금하신 게 있으시면 둘만 있는 자리에서 이야기하면 안 될까요(의사 표현)?"
엄마가 사촌들과 비교하며 나를 깎아내리는 것이 불편하다.	이해, 공감, 따뜻함	"엄마, 내가 걱정돼서 계속 결혼 이야기를 하신다는 거 잘 알고 이해해요(공감, 따뜻함). 하지만 친척들 앞에서까지 그러시면 부끄러운 마음이 들어요. 앞으로 그런 이야기를 하실 때 저는 잠시 자리를 피할게요(의사 표현)."
계속 거절하는데도 친구가 몇 번이고 부탁해서 부담된다.	공감, 친절함, 겸손함	"경태야, 네가 왜 나를 그 모임에 초대하려 하는지는 알겠지만 나는 벌써 여러 번 못 간다고 의사 표현을 했고, 계속 거절하기가 미안해져. (공감, 친절함, 겸손함). 내가 마음이 바뀌면 연락할 테니 이제 이 일은 그만 이야기하자(의사 표현)."

'눈치를 본다'는 표현에 대응하는 말을 영어에서는 찾기 어려워 외국인 친구에게 이 말을 설명하지 못했던 경험이 있습니다. 한국 사회는 구성원에게 유독 높은 수준의 사회적 맥락을 읽어내는 능력을 많이 요구합니다. 그래서 상황의 미묘한 맥락을 잘 읽어내지 못하는 사람에게 '센스가 없다'며 사교적 요령이 부족하다고 지탄하는 경우도 많습니다. 그 과정에서 서로 감정이 상하기도 하고 관계에 실질적으로 마찰이 생기기도 하죠. 그래서 한국인은 다른 사람이 나로 인해 불편한 감정을 느낀다면 그 책임이 자신에게 있다고 여기곤 합니다.

이런 과도한 책임감은 결국은 나를 소모하는 결과로 이어집니다 (자세한 내용은 2장을 참조하세요). 따라서 '과도한 책임감'을 유발하는 인지적 오류의 원리를 이해하고 내 생각을 바꿀 수 있는 지점을 찾으면, 인간관계에서 타인의 눈치를 보는 일을 줄이고 내 가치관에 맞는 행동을 지속할 힘을 얻을 수 있습니다. 다음 내용에서 책임감의 인지적 오류 두 가지를 살펴보고, 과도한 책임감에서 벗어나 좀 더 자연스럽고 편안한 마음으로 다른 사람들과 소통할 수 있는 방법을 알아봅시다.

다른 사람의 마음을 짐작하는 생각 멈추기

'마인드 리딩mind reading'이란 타인의 눈치를 보는 과정에서 정보를 끌어모으고 해석하며 상대방의 마음을 파악하려는 생각의 과정으로, 타인의 표정이나 행동만으로 그 사람의 마음을 확실하게 파악했다고 여기는 인지적 오류입니다. 특히 타인의 시선에 민감한 사회불안장애에서 많이 보이는 오류이기도 합니다. 주변 사람이 어떤 감정 상태라고 혼자 머릿속으로 단정 짓고 그 원인이 자신이라고 넘겨짚는 생각도 마인드 리딩에 해당하죠.

사실 다른 사람의 마음은 상대가 직접 말로 표현하지 않는 한 정확하게 파악할 수 없고, 상대는 별 신경 쓰지 않는 경우도 많습니다. 하지만 마인드 리딩에 빠지면 내가 한 행동에 자괴감을 느끼게 되고 내 판단에 대한 자신감도 깎이기 때문에 마음에 큰 해를 입게 됩니다. 그렇기 때문에 인간관계에서 눈치를 보느라 마음에 부담이 느껴진다면, 의식적으로라도 자신이 '마인드 리딩' 중임을 인식하고 생각을 객관적으로 바꾸면, 타인의 시선에서 벗어나 자유롭게 나다운 행동을 취할 수 있게 됩니다.

마인드 리딩 새로 쓰기

다음 질문들을 이용해 마인드 리딩이 담긴 생각을 반론해보고 그 생각을 새롭게 구성해보세요.

- 상대의 표정·행동이 정말 나를 경멸하거나 업신여긴다는 뜻일까?
- 상대의 표정·행동을 다르게 해석할 순 없을까?
- 상대가 기분이 안 좋은 것이 꼭 나 때문이라고 확신할 수 있을까?

- 내 말과 행동에 불쾌해할 권리가 상대에게 있을까?

- 상대의 기분에 영향을 준 다른 요소는 없었을까?

- 상대가 내게 부정적인 감정을 가지고 있다면, 그 상황이 정말 위협적인 상황일까?

- 과거에 관계 문제로 어려웠던 때도 나는 그 상황을 잘 견뎌냈는가?

- 내 걱정·후회는 생산적인 생각일까?

- 나는 실제로 무엇을 할 수 있을까?

이 목록을 실제 상황에서 다음과 같이 적용해볼 수 있습니다.

- "그런 사적인 질문을 하다니, 나를 만만하게 보는 게 틀림없어."

  → "그 사람이 정말 나를 만만하게 본 것인지는 알 수 없어. 나와 가까워지고 싶었을 수도 있고, 술기운에 분위기를 띄우려고 저런 농담을 할 수도 있겠지."

- "내가 솔직한 마음을 표현한 이후로 선배 기분이 안 좋아 보여. 내게 화가 단단히 난 게 분명해."

  → "선배가 기분이 안 좋다는 건 내 짐작이고, 나랑 상관없는 일 때문일 가능성도 있어. 내 말이 선배한테 기분 나빴다 하더라도 난 관계를 지키고 싶어서 솔직한 마음을 표현한 거야. 이 이상은 걱정해도 도움이 안 돼."

- "내 말 때문에 회식 분위기가 썰렁해졌어. 모두 나를 재미없는 사람이라고 생각해서 친해지려 하지 않을 거야."

  → "난 나답게, 내 가치관에 맞게 행동했어. 그게 사람들의 마음에 들지 않더라도 당장 내가 할 수 있는 건 없어. 난 나다운 모습으로 의미 있는 관계를 만들어 나갈 거야."

'반드시 문장'에서 '반드시' 빼기

인간관계에는 단일하고 정확한 규칙이 없음에도 우리는 사회적 관행이나 눈치만으로 타인 앞에서 갖추어야 할 자세를 단정 짓곤 합니다. 특히 한국처럼 사회적 조화가 중요시되는 문화에서는 타인의 기분을 세심하게 알아채고 그에 대응해야만 할 것 같은 압박감을 느끼기 쉽습니다. 이렇듯 사회적 분위기에 맞춰야 한다는 강박이 반영된 생각을 '반드시 문장'이라고 하며, 이런 사고 방식은 실패에 대한 불안과 죄책감을 불러일으킵니다("나는 **반드시** 상대방이 듣기 좋은 말만 해야 해", "나는 **반드시** 내 불쾌함을 감추어야 해").

여기서 문제는 다른 사람들의 감정에 과도하게 책임을 지려고 할 때 나타납니다. 감정은 통제할 수 있는 대상이 아니기 때문에 발생했다고 책임을 묻는 건 비효율적입니다. 게다가 다른 사람의 감정에 나를 맞추고 그 사람의 기분까지 바꿔주려고 노력하면 내 행복과 삶의 우선순위는 뒷전으로 밀려나고, 관계에서 과도하게 피로감을 느끼게 됩니다(그래서 심리학에는 '연민 피로compassion fatigue'라는 용어도 있습니다).

그러니 다른 사람의 감정을 배려하려고 '반드시' 무언가를 하거나 참아야 한다며 노력하는 대신에, 내게도 엄연히 의사를 표현할 권리가 있고, 상대방도 내 의사 표현에 반응하며 감정을 느낄 권리가 있다는 사실을 기억해주세요. 그리고 한 가지 더! 상대방에게도 본인의 감정을 잘 처리하고 다스릴 능력이 있습니다.

다음 질문들을 이용해 '반드시 문장'이 반영된 오류적 생각을 반론해보고 그 생각을 새롭게 구성해보세요.

- 상대의 표정·행동이 정말 나를 경멸하거나 업신여긴다는 뜻일까?

- 상대의 표정·행동을 다르게 해석할 순 없을까?

- 상대의 기분이 안 좋은 것이 꼭 나 때문일까? 상대에게 내 말과 행동을 불쾌하게 여길 권리가 있을까?

- 상대에게 부정적인 감정을 견뎌낼 만한 능력이 있을까?

- 상대의 기분에 영향을 준 다른 요소는 없었을까?

- 상대가 내게 부정적인 감정을 느낀다면, 그 상황이 내게 해가 되는 상황일까?

- 과거에 관계 문제로 어려웠던 때도 나는 그 상황을 잘 견뎌냈는가?

- 내 걱정·후회는 생산적일까?

- 나는 실제로 무엇을 할 수 있을까?

이 목록을 실제 상황에서 다음과 같이 적용해볼 수 있습니다.

- "팀 분위기를 위해서 무례한 농담도 '반드시' 다 웃어 넘겨야 해."

  → "우리 팀 분위기가 온전히 내게만 달린 건 아니야. 내겐 불편하다고 말할 수 있는 권리가 있고, 팀원들에게 그 말이 불쾌하게 와닿을 수도 있지만 그건 내 잘못이 아니야."

- "내가 솔직한 마음을 표현한 이후로 선배가 내게 서운해하는 것 같아. '반드시' 사과하고 다시는 그런 상황을 만들지 않아야 해."

  → "난 더 나은 관계를 위해 솔직한 마음을 표현했고, 선배가 내 의견이 마음에 안 들었다면 그건 어쩔 수 없어. 내가 선배의 기분을 다

통제할 수 있는 것도 아니고, 선배에게도 본인의 기분을 다스릴 수 있는 능력이 있어."

- "내가 결혼을 늦춰서 엄마를 속상해하시고 나도 나쁜 딸이 되는 것만 같아. 엄마를 위해 '반드시' 결혼을 서둘러야 해."

  → "엄마가 당신 기준에서 내가 좋은 걸 누렸으면 하는 마음에 저러신다는 걸 알지만 나는 나만의 속도와 방향에 맞게 삶을 결정하고 있어. 엄마에게는 당신의 의사를 표할 권리가 있지만 내 삶을 결정할 권리는 내게 있어."

앞에서 소개한 '마인드 리딩'과 '반드시 문장'에 대응하는 법을 충분히 익혔다면, 다음 표를 보고 빈칸을 채워 넣으면서 나를 눈치 보고 주눅 들게 만드는 목소리를 더 자유로운 목소리로 바꾸는 법을 연습해봅시다.

눈치 보는 말	자유로운 말
"우리 부모님은 나를 키우느라 너무 고생이 많으셨어. 내가 번듯한 직장을 잡지 않으면 그 수고가 헛되다고 느끼실 거야(마인드 리딩). 부모님을 보답하기 위해서라도 이번 자격증 시험은 반드시 통과해야 해(마인드 리딩, 반드시 문장)."	"부모님께서 나를 키우시며 노고가 많으셨던 건 이해하지만 내가 자격증 시험을 따는 것만이 효도하는 방법은 아니야. 두 분이 내게 원하시는 길과는 다를 수 있지만 내 삶이니 내 속도에 맞게 걸어가다 보면 나만의 길로 두 분께 보답할 수 있는 방법이 보일 거야."

"내가 친구에게 섭섭한 점을 이야기하면 친구는 분명 실망할 거고 우리 관계도 틀어질 거야(마인드 리딩). 내가 참고 넘어가 주어야 우리의 우정을 지킬 수 있어(반드시 문장, 재앙화 사고(2장 참고))."

...

...

"내가 속마음을 이야기해도 친구는 내 마음을 잘 받아들일 수도 있어. 만약 그렇지 못하더라도 그 친구에게도 혼자 기분을 처리할 능력이 있어. 난 관계를 개선하기 위해 내가 할 수 있는 일을 한 거야."

...

...

바운더리

나를 보여주고 소통하는 연습

◇◇◇◇◇◇◇◇◇◇◇◇◇◇◇◇◇◇◇◇◇◇◇◇◇◇◇◇◇◇◇◇◇◇◇◇◇◇

내가 어떤 가치를 품고 주변 사람들과 교류할 것인지 고민하고 관계에 대한 바운더리를 어떻게 세울지 충분히 생각했다면, 이제는 실제 인간관계에 바운더리를 적용해볼 차례입니다. 바운더리를 다른 사람들에게 알리지 않고 마음속으로만 품고 있으면 아무도 내 생각을 알아주지 않겠죠. 인간관계에 실질적인 변화를 일으키기 위해서는 단호하게 행동해 내 삶을 지키는 데 전념하겠다고 다짐하는 과정이 필요합니다. 바운더리를 구체적으로 구축하기 위해 다음 여섯 단계를 차근차근 실행하면, 주변 사람들과의 관계를 관리하는 나만의 체계를 탄탄하게 잡고 내 마음에 이로운 관계를 완성할 수 있습니다.

1단계: 들여다보기

✧

먼저 내 주변 관계가 어떠한지 생각해보세요. 나를 불편하게 만드는 주변인 혹은 사회적 상황을 떠올려봅니다. 그 사람과 있을 때 항상 불편한 감정이 드나요? 그 사람과 특정한 상황을 함께하게 되면 불편함을 느끼나요? 그 불편한 감정은 무엇인가요(예: 화, 귀찮음, 성가심, 외로움 등)? 그 사람은 내 불편함을 인지하고 있나요?

- 상황: _____
- 감정: _____
- 상대방이 인지하고 있다: 예/아니오

2단계: 규정하기

✧

내가 주변 사람에게 느끼는 마음의 거리, 그리고 원하는 관계가 어떠한지 구체적으로 상상해보세요.

- 상대방과의 관계를 끊고 싶은가?
- 상대방과 관계를 유지/강화하고 싶은가?
- 이 관계가 내게 주는 '가치'는 무엇인가?

바운더리

- 상대방의 어떤 행동이 나를 불편하게 하는가?
- 그 행동/상황에서 무엇이 나를 불편하게 하는가?

상대방과 나 사이에 내 공간을 어느 정도 허용할 수 있는지 생각해보고, 그 내용을 표현해보세요.

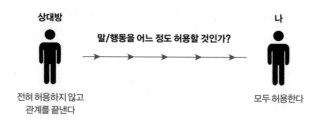

앞에서 이야기한 인혜 씨의 경우, 선배와 자신의 관계를 곰곰이 생각한 후 오래전부터 자신을 돌보아준 선배와 계속 좋은 관계를 이어 나가고 싶다고 결론을 내렸습니다. 비록 공개적인 자리에서 자신을 창피하게 만든 일 때문에 감정이 상하긴 했지만, 선배는 자신과 대화도 잘 맞고 배울 점이 많은 사람이었기 때문입니다. 관계를 유지하기 위해 선배가 '동료들 앞에서 남자 친구 이야기를 하는 것'만큼은 하지 말아 달라고 부탁하기로 결심했습니다.

3단계: 소통하기

✦

내가 원하는 관계를 그려보았다면, 이제 그 생각을 상대방에게 명확하게 전달할 차례입니다. 다음 문장을 살펴보고, 내 상황에 맞게 적용해 간결하지만 따뜻하고 명확하게 의사를 표현해보세요.

팁 1: 내 감정을 중점에 두고 이야기하기

상대방을 비난하는 과거형 대화보다는 내가 무슨 감정을 느끼고 구체적으로 무엇을 원하는지 말하는지 현재형으로 말해보세요. 이렇게 말하면 상대방도 자신이 해야 할 행동을 쉽게 파악할 수 있고, 관계도 더욱 돈독해집니다. "네가 _____한 건 이해해. 나는 _____함을 느껴", "나는 우리가 정말 가까운 관계라고 느끼지만 네가 _____할 때는 멀어지는 느낌이야", "네가 _____은 해줬으면/피해줬으면 좋겠어"라고 표현해보세요.

- "선배가 제게 관심을 가져주는 것은 이해하지만, 그렇게 말씀하실 때 저는 부끄럽고 불편한 감정을 느껴요. 앞으로는 다른 동료들 앞에서는 남자 친구 이야기는 하지 말아주셨으면 좋겠어요. 대신 정말 궁금하신 점은 우리 따로 만나서 이야기해요!"

팁 2: 내용은 최대한 간결하게

바운더리를 설정한 배경이나 이유까지 속속들이 설명하다 보면 말이 길어져서 핵심 메시지가 명확하게 전달되지 않을 위험이 있습니다. 먼저 간결하게 내 의사의 핵심을 밝히고, 만약 상대방이 추가 설명을 요청하면 그때 더 이야기를 나누면 됩니다.

- "여보, 내가 매주 어머님을 병원 모시고 다니느라 너무 지쳤으니 당분간 당신이 맡아서 해주었으면 해." (O)
- "여보, 나는 당신을 사랑하지만 언젠가부터 당신이 내게 시댁 심부름을 시킬 때마다 너무 지치고 당신이 날 사랑하는지 의심하게 돼. 특히 나한테 명령하는 것처럼 어머님 병원 모시고 가시고 가라고 하면 정말 듣기 싫어. 왜 맨날 부탁하는 말투가 그렇게 거친 거야? 아니, 내 말을 오해해서 듣지는 마. 우리가 더 잘되자고 하는 이야기니까." (X)

팁 3: 미래중심적으로 이야기하기

과거의 일까지 들추면 이야기가 길어질 뿐만 아니라, 대화의 논점이 흐려지고 과거의 부정적 경험을 언급해 대화가 감정적으로 흘러갈 위험이 있습니다.

- "앞으로는 돈 빌려달라는 부탁은 안 해주었으면 해." (O)

- "또 돈을 빌려달라고 그러면 어떡하니? 저번 달에도 빌려달라고 해서 내가 안 된다고 했다가 우리 다투었던 것 같은데. 작년에도 내가 두 번이나 빌려줬고 네가 늦게 갚아도 말없이 기다려줬는데, 왜 계속 이러는 거야?" (X)

팁 4: 내 의견을 말할 때 미안해하지 않기

상대방의 부탁을 거절하는 상황일지라도 미안해하지 말아야 합니다. 내가 정한 바운더리에 관해 사과하면, 이는 내 행동이 잘못되었다는 뜻을 내포하게 되고 바운더리를 꼭 지켜야 하는 건 아니라는 의미로 잘못 전달될 수도 있기 때문입니다. 내게 중요한 가치를 지키는 일은 잘못된 행동이 아니고, 사과가 필요한 일도 아님을 기억하세요.

- "이번 주말에는 일정이 있어서 만날 수 없을 것 같아." (O)
- "미안한데 이번 주말에는 못 만날 것 같아. 내가 못 가서 너무 미안해." (X)

4단계: 보여주기

✧

결정과 행동은 일치해야 합니다. 내가 의사를 표현했다면 그 결정

바운더리

을 몸소 행동으로 나타내고 지속적으로 보여줘야 상대방이 더 쉽게 이해하고 받아들일 수 있습니다. 만약 내 의사가 상대방에게 받아들여지지 않고 관계에 긍정적 변화가 생기지 않는다면, 말로 여러 번 바운더리를 밝히기보다는 행동으로 거리를 두며 내가 표현한 것이 내게 중요한 가치가 있음을 상대방에게 상기시켜야 합니다 (44쪽에서 이야기한 '내 바운더리가 존중받지 못한다면'을 참고하세요). 바운더리가 존중받지 못하는 경우에 대비하면 실제로 그런 상황이 일어났을 때 당황하지 않고 침착하게 대응할 수 있습니다.

표현하고 싶은 바운더리	존중받지 못할 때 행동 대응
"심부름 부탁을 자제해주었으면 좋겠다."	- 다른 대화로 넘어간다. - 자리를 피한다.
"돈을 빌려줄 수 없다."	- 금전적 요청에는 대답하지 않는다. - 만남을 잡지 않는다.
"다른 동료들과의 자리에서 사적인 이야기를 하지 않겠다."	- 선배가 다시 남자 친구 이야기를 꺼내려 할 때 다른 대화로 넘어가거나 선배의 말을 저지한다. - 이야기를 저지하면서 단호한 모습을 보인다.
...	...

5단계: 감정 처리하기

✧

3~4단계로 말과 행동으로 내 바운더리를 상대방에게 밝히고 분명히 보여준 후 내 안에 불편한 감정이 나타날 수 있습니다. 이는 매우 자연스러운 일입니다. 내게 중요하지만 매우 어려운 일을 해낸 거니까요. 그럴 땐 왜 내가 바운더리를 설정하기로 했는지, 어떤 가치를 보호하기 위함이었는지 되돌아보면 내 결정이 큰 용기였다는 것을 알아차릴 수 있을 겁니다(자세한 방법은 2장에서 소개합니다). 이 외에도, 내가 좋아하는 음식을 먹는 등 기분을 좋게 할 일을 하면서 평소보다 더 열심히 나를 챙기는 것도 내 마음을 달래는 좋은 방법입니다.

6단계: 재검토하기

✧

바운더리를 만들고 지키는 일은 삶과 함께 계속 이어지는, 연속선상에 있는 과정의 일부입니다. 바운더리를 한 번 실행했다고 바운더리 설정이 끝났다 말할 수도 없고, 한 번 만든 바운더리가 영원히 같을 거라고 기대할 수도 없습니다. 왜냐하면 나 자신도 사람들과 살아가며 계속 변화하고, 그에 따라 관계도 점차 바뀌기 때문입니다. 과거에 만들었던 바운더리가 어느 순간 효능을 발휘하지 못한다면, 혹은 내 마음가짐과 삶이 예전과 달라졌다면 다시 1단계 '들여다보기'로 돌아가봅시다. 처음부터 다시 시작하는 것을 두려워하지 말고 차분히 내 마음을 들여다보세요.

만약 내 바운더리가 존중받지 못하거나 바운더리를 실행해도 자꾸 다른 사람이 내 공간을 침범한다고 느낀다면, 다음 목록을 살펴보며 내 소통 방법에 문제가 있는 건 아닌지 한번 생각해보세요.

- 상대방에게 무엇을 기대하는지 정확하게 전달했는가?
- 장난스럽게 혹은 단호하지 않은 모습으로 바운더리를 이야기했는가?
- 내가 너무 공격적으로 바운더리를 주장했거나 상대방과 원활하게 소통하지 못했는가?
- 내 바운더리가 흔들림의 여지를 보였는가?
- 내 바운더리에 대해 사과했는가?
- 한 번이라도 바운더리 침범을 허용했던 적이 있었는가?

만약 이 중 하나라도 '그렇다'라는 답이 있다면, 상대방이 의도치 않게 내 바운더리를 중시하지 않고 무심코 행동했을 가능성이 있습니다. 혹은 내가 바운더리를 일관되게 실행하지 않아서 상대가 바운더리를 정확하게 이해하지 못했을 가능성도 있겠죠. 이런 경우에는 다시 내 의사를 단호하고 명확하게 전달하려고 노력해보세요. 그러면 상대방에게도 내가 이야기한 바운더리와 그 중요성을 상기할 기회를 줄 수 있고, 내 제안에 상대가 협력해줄 가능성을 높일 수 있습니다.

인간관계의 바운더리 연습 자료를 QR 코드로 다운받아 활용해보세요.

✧

2장

아무리 열심히 해도
부족하게 느껴질 때

과도한 책임감과 거리를 두는 바운더리

수많은 역할과 책임에 짓눌릴 것만 같다면

◇◇

소현은 IT 회사에서 일하는 팀장이자, 여섯 살과 네 살짜리 아이 둘을 둔 '워킹맘'이다. 오늘 아침에도 허겁지겁 아이들을 유치원에 보내고 겨우 출근 시간에 맞추어 회사에 도착했다. 책상 앞에 앉아서 겨우 한숨 돌리고 플래너를 꺼낸 뒤 오늘의 일정을 확인한다. 미팅도 여러 개가 잡혔고 내일까지 마감해야 하는 보고서를 준비해야 하는 등 분주한 하루가 예상된다. 그때 막냇동생에게 문자 메시지가 온다. 다음 달 엄마의 칠순 여행 준비가 얼마나 진행되었는지 묻는 내용이다. 아직 일정이나 교통편도 정해지지 않았는데 시간이 얼마 남지 않았다는 사실에 부담감이 느껴진다. 동생에게 주말까지 해결하겠다고 답장을 보내고 한숨을 내쉰다.

오늘 밤도 아이들을 재우고, 가족 여행 일정을 짜고, 팀원들의 이메일에 일일이 답장을 보내고 나니 밤 열두 시가 훌쩍 넘었다. TV를 보며 맥주라도 한잔하고 싶었지만, 지금 바로 씻고 자도 잠이 모자랄 시간이다. 자려고 침대에 누우니 피곤함이 몰려온다.

'단 하루만이라도 아무도 날 찾지 않고 그냥 침대에 누워서 쉬는 날이 있으면 좋겠다'라는 생각이 들고, 이렇게까지 바쁘게 사느라 잠시 쉴 시간도 내기도 어렵다는 사실에 허무함과 박탈감이 몰려온다. 팀원들은 마음처럼 움직여주지 않는 것 같고, 동생들도 성인인데 항상 자신만 집안 대소사를 챙겨야 한다는 사실에 지친다. 영화 한 편 볼 시간, 친구들과 차 마실 시간, 좋아하는 운동을 할 시간도 없다. 내게 주어진 역할이니 내 손으로 다 해내야 한다고 생각하지만, 마음 한켠에서는 정말 '이래야만 하나'라는 의문이 든다.

많은 현대인들과 같이 소현 씨도 여러 가지 역할을 한꺼번에 소화하며 바쁜 생활을 이어가고 있습니다. 주어진 역할에 최선을 다하며 이 모든 일을 해내는 자신이 멋지게 느껴져 뿌듯할 때도 있지만, 한편으로는 무거운 책임감이 느껴지고 시간·노동력·기력을 과하게 쓴다는 느낌이 들기도 합니다. 나 자신을 돌볼 시간도 부족한데 다른 이들을 챙기는 나를 발견하고는, 이렇게 살아도 괜찮을지 답답한 마음이 들기도 하죠.

이렇듯 책임감을 내려놓지 못하고 스스로를 소진시키는 현상은 우리 사회에서 자주 접할 수 있습니다. 최근 흔한 착한아이증후군이나 'K-장녀 증후군' 역시 이런 배경에서 생겨난 현상이라고 볼 수 있습니다. 착한아이증후군은 내가 느끼는 만족보다도 다른 사람들의 만족과 기대를 우선시해, 타인에게 내 행동을 맞추는 '착한' 모습을 보이는 데 과도하게 민감한 것을 의미합니다. 미국에서도 '다른 사람을 만족시키려 애쓰는 사람'이라는 '피플 플리저people pleasure'이라는 표현이 있습니다. 어느 사회에서든 다른 사람의 기분과 요구에 맞춰주어야 한다는 압박감을 느끼는 심리적 현상이 흔하다고 볼 수 있죠. 소현 씨 역시 자신의 욕구는 뒤로 미뤄둔 채 가족과 직장 동료를 위해 많은 에너지를 쓰고 있는 착한아이증후군, 과도한 책임감에 힘겨워하는 'K-장녀'의 모습을 모두 보입니다. 이렇게 '나'를 우선순위에서 밀어내며 희생하는 생각·행동 패턴이 생겨나는 데는 다음과 같은 여러 가지 심리적 요인이 있습니다.

- 다른 사람들에게 도움이 되어 사랑과 인정을 받고 싶은 욕구("사람들이 받아들이는 존재가 되려면 그 사람들이 원하는 대로 해야 해").

- 사회생활로 익힌 문화적 고정관념("여기서 내 의견을 내세우는 건 눈치가 없는 거지").

- 다른 사람을 실망시킬지 모른다는 두려움("다른 사람들의 기대에 못 미치면 사람들이 나를 믿지 않을 거야").

- 성장 과정 중 양육자와의 관계에서 형성된 애착관계의 연장선("말을 잘 듣지 않으면 벌을 받을 거야").

- 낮은 자존감으로 인한 의존성("주변 사람들을 즐겁게 만들지 못하면

난 쓸모가 없어").

- 자신의 능력에 대한 과대평가("나는 다 해낼 수 있어. 잠 좀 못 자면 어때. 좀 피곤하다고 큰일나는 것도 아니잖아").

나를 희생하며 타인의 요구에 나를 맞추고 역할을 수행하면 단기적으로는 성취감과 뿌듯함을 맛볼 수 있지만, 장기적으로는 자신에게 필요한 요소나 욕구를 채우지 못하는 상태가 이어져 내면과 기력이 소모됩니다. 그리고 이런 과정이 지속되면 결국 번아웃에 빠져 내면이 무너지고 맙니다. 번아웃에 빠지면 만성피로, 무관심, 감정적 분리, 냉소주의, 업무 효율성 저하, 작은 자극에도 과민하게 반응하는 증상이 나타나며, 몸과 마음이 급속도로 소진됩니다. 소현 씨 역시 그렇게 내면이 소진되어 피로와 우울감을 일상적으로 느끼는 번아웃에 빠진 상태죠. 하지만 그럼에도 계속 내 역할을 부족함 없이 다 해내야 한다는 압박감은 내게 쉴 여유를 허락하지 않습니다. 여기에 쉬고 싶은 마음이 들다가도 불안이 차올라 일을 손에서 놓지 못합니다. 내가 맡은 임무를 다하지 못하면 피해받을 다른 사람들, 실패로 발생할 손실이 마음을 무겁게 하기 때문입니다.

내 발을 묶는 주범, 완벽주의와 자책

✧

주변 사람을 위해 희생하다 생기는 번아웃은 어떤 심리적 기제로 발생할까요? 핵심은 '무슨 역할이든 잘해내야 한다, 나 아니면 안 된다, 내가 나서야 한다'는 강한 책임감입니다. 앞서 이야기한 성장 과정과 사회적 고정관념, 불안 등이 한데 섞여 내가 문제를 해결해야 한다는 압박으로 다가와 책임감이라는 대응 기제^{coping mechanism}(변화나 스트레스에 대처하는 생각·행동 양식)를 만들어낸 것이죠. 어린 시절 동생을 잘 돌볼 때만 관심을 받은 탓에 커서도 주변 사람들을 돌보는 데 책임감을 느끼고 타인의 의견을 자신보다 더 중요시하는 사람이 대표적인 예시입니다.

책임감은 업무 능력과 관계에 긍정적인 영향을 주는, 내 삶을 헤쳐 나가는 데 꼭 필요한 수단입니다. 하지만 책임감이 과도하게 작용하면 '잘해야만 한다'는 압박감과 완벽주의로 이어지고, 그 결과 내면이 소진될 수 있습니다. 즉, **건강한 책임감과 그렇지 못한 책임감이 존재한다**는 뜻이죠. 소현 씨의 경우 가족을 위해 솔선수범해 여행 계획을 세우는 것은 건강한 책임감에서 나온 모습이지만, 다른 이들에게 부담을 주고 싶지 않아 무리하면서까지 모든 것을 도맡는 모습은 과도한 책임감의 결과입니다.

● 번아웃
○ 강박, 완벽주의
● 과도한 책임감
● 건강한 책임심
● 무관심, 무책임

　한 사람이 짊어질 수 있는 '책임감'을 물잔에 비유해 설명해보 겠습니다. 잔에 물을 담아 마실 때 물이 너무 적으면 물을 마셔도 갈증이 해소되지 않습니다. 그렇다고 물을 너무 많이 부어버린다 면 물이 밖으로 넘쳐 주변을 지저분하게 할 수 있겠죠. 잔에 담을 수 있는 물의 양에 한도가 있듯, 내 안에 쌓아둘 수 있는 감정에도 한계가 있습니다. 체력적·감정적·시간적 공간은 모두 한정적이기 때문에 너무 많은 책임감을 담아두려 한다면 결국은 한계를 넘어 서서 통제가 어려운 '혼돈' 상태에 빠질 수 있습니다. 물이 잔 밖으 로 흘러 주변을 어지럽히듯 마음도 주체하지 못하면 큰 스트레스 가 되어 폭발하거나, 속에 꾹꾹 쌓여 정신건강을 해치거나, 음주· 과식·중독과 같이 스스로를 해치는 대응 기제로 이어져 신체건강 까지 악화될 수 있습니다. 그러니 책임감이 건강하지 못한 수준까 지 이르지는 않았는지 내면의 상태를 점검하며 마음을 조금씩 조 절해야 합니다.

　'빈틈없이 잘해내야 한다'는 **완벽주의가 비현실적인 이유는 내**

가 아무리 노력한다 해도 세상에 일어나는 모든 일들을 통제할 수 없기 때문입니다. 변수는 언제든 생기는 법이지만, 완벽주의에 빠진 사람은 이 사실을 고려하지 못합니다. 그래서 이루지 못하는 '완벽'에 집착하며 시간과 기력을 쏟고, 정작 손에 넣은 결과에는 만족하지 못해 스스로를 실패의 구렁텅이로 몰고 나가게 되죠.

실제로 번아웃 증상을 경험한다고 답한 성인 1천 명을 대상으로 한 호주의 어느 연구에 따르면, '나는 직장에서 없으면 안 되는 역할이나 책임을 맡고 있다', '내가 하겠다고 말한 건 반드시 해내야 한다'와 같은 완벽주의적 생각이 극심한 번아웃 증상과 연관성이 있었습니다. 또한 양육 과정에서 완벽함을 추구하는 부모일수록 육아 번아웃에 더 취약하다는 연구 결과도 있습니다. 이러한 번아웃 증상은 기존에 알려졌던 피로감·스트레스·무관심 등 일시적인 증상뿐만 아니라 우울증·불면증·불안장애와 같은 심각한 심리적 문제로까지 이어진다는 사실 또한 밝혀졌습니다.

하지만 완벽주의가 항상 부정적인 결과로 이어지는 것은 아닙니다. 과도한 책임감과 완벽주의가 번아웃으로 이어지는 핵심은 **자기비판과 자책**입니다. 영국 심리학자 요아킴 스퇴버Joachim Stoeber와 캐슬린 오토Kathleen Otto는 완벽주의에 두 가지 종류가 있으며, 각기 다른 심리적 기제가 작용한다고 설명했습니다. 하나는 자신의 실수를 포용하지 못하고 부족한 성과를 비판하는 '완벽주의적 우려'이고, 다른 하나는 스스로에 대한 비판 없이 미래의 좋은 결과를 위해 노력하는 '완벽주의적 노력'입니다.

연구진은 이 두 가지 완벽주의가 어떻게 마음건강에 영향을 주는지 조사했는데, 매우 흥미로운 결과가 나왔습니다. 완벽주의적 우려를 보이는 사람은 부정적인 감정과 스트레스에 취약하고 낮은 자존감을 보일 가능성이 컸습니다. 반면 완벽주의적 노력을 보이는 사람은 피로와 소모감과 같은 번아웃 증상과 연관이 있더라도 전반적으로 더 긍정적인 사고방식을 보였습니다. 이런 성질이 완벽주의가 유발하는 부정적인 감정에 어느 정도 보호막으로 작용하는 것이죠. 그 외에도 여러 연구 결과를 통해 완벽주의적 우려가 번아웃, 스트레스, 신체건강에 특히 악영향을 미친다는 사실이 드러났습니다.

이를 종합하면 완벽주의 자체가 문제라기보다, 부정적으로 완벽함을 추구하는 자세와 자신을 질책하는 비판적 사고가 마음을 해친다는 것을 알 수 있습니다. 성장을 추구하려면 자신을 향한 비판과 질책을 내려놓고, 이해와 포용으로 스스로를 감싸안아 주어야 한다는 것도 말이죠.

자책한다고 문제가 해결되나요?

❖

자책은 본질적으로 긍정적인 기분을 느끼게 하는 사고방식이 아닙니다. 자신을 꾸짖고 책망하며 즐거움을 느끼는 사람은 없습니다. 그런데 우리는 스스로를 힘들게 하는 자책을 왜 그렇게, 그것도 자주 하게 될까요?

그 이유는 우리가 오랜 시간 자책을 성장의 도구로 여겼기 때문입니다. **자책은 언뜻 보기에 힘든 상황을 빠르게 해결하는 효과적인 수단으로 보이지만, 장기적으로는 자존감을 떨어뜨리고 업무 능력과 인간관계에도 큰 지장을 줍니다.** 한 연구에서는 대상자들에게 어린 시절 일어난 강렬한 사건(학대, 부모의 우울증 등)에 대한 해석이 추후 마음건강에 어떤 영향을 끼치는지 조사했습니다. 그 결과, 과거의 사건에 '내가 잘못해서 그래', '나만 없었다면 그런 일이 생길 일도 없었을 거야'와 같은 생각을 보이며 자책감을 느끼는 아이들은 그러지 않는 아이들에 비해 높은 우울감과 폭력성을 보였습니다. 이는 자책이 자아상self-image(자신을 바라보는 주관적 평가와 견해)에 부정적인 영향을 미쳐 자존감을 떨어뜨리고, 감정 조절 능력에도 차질을 빚기 때문입니다.

자책은 과거의 끔찍한 일로 힘들어하는 트라우마 환자에게서도 흔히 보이는 사고방식으로, 트라우마 사건으로 생긴 마음의 상처가 더 큰 심리적 고통으로 확장되는 데 핵심적 역할을 합니다. 그렇기 때문에 트라우마의 치료 기법은 고통을 유발하는 자책의 사고회로를 바꾸는 과정에 집중됩니다. 이 치료는 내담자가 트라우마 사건에서 자신의 역할을 과도하게 평가하거나 심한 책임감이나 자책감을 느끼지 않도록 합니다. 즉, 내가 그 사건과 감정을 겪은 건 내 탓이 아니라고 스스로에게 이야기해주는 것이죠. 이 방법을 이용하면 자책에서 벗어나 나 자신을 자연스럽게 받아들일 수 있습니다.

앞에서 이야기한 소현 씨도, 본인 스스로도 열심히 살아가고 있는 자신에게 자비롭지 못하다는 것을 자각하고 있었습니다. 혹시라도 자신의 행동에 관대해지면 그런 생각이 게으름과 이기심으로 이어질까 봐 스스로에게 더 심하게 채찍질했죠. 하지만 그럴수록 실패감은 더욱 커지고 몸과 마음은 무거워지기만 했고, 결국 어려움을 겪는 자신을 방치해 마음이 짓눌리는 상황이 찾아오고 말았습니다. 현재의 어려움을 열린 마음으로 들여다보고 책임감에 힘겨워하는 자신을 이해해주었다면, 조금이나마 문제의 핵심을 마주할 용기가 생겼을 수 있을 텐데 말입니다.

자기자비,
소중한 타인을 대하듯 나를 보듬기

✧

이와 같이 자책·과도한 헌신·책임감·완벽주의처럼 한때 우리를 강하게 해줄 것이라 믿었던 생각은 오히려 감정에 상처를 입히고 마음건강을 해칩니다. 오히려 원하는 삶을 살아갈 동기를 약화하고 성장을 방해할 뿐이죠. 따라서 스스로를 무작정 깎아내리는 생각을 키우는 대신, 내가 겪는 어려움을 인정해주고 문제를 해결할 능력이 있다고 나를 북돋우는 '자기자비self-compassion' 사고를 키워 스스로를 건강하고 참된 성장으로 이끌어 나가야 합니다.

혼히 '자비'라고 하면 힘들어하는 친구나 가족을 곁에서 지켜보며 느끼게 되는 감정을 떠올립니다. 하지만 정확히 말하면 자비는 측은지심과는 다릅니다. 누군가를 불쌍히 여기는 감정은 내 경험을 다른 사람과는 별개로 여기고 느끼는 안타까움이지만, 자비는 다른 사람의 경험에 깊이 공감하는 마음입니다. 또한, 자비는 나를 비롯해 많은 사람들이 공통적으로 겪는 어려움이라는 강한 연결감을 동반합니다. 자기자비는 그런 친절하고 온화한 손길을 자신에게 내어주는 마음으로, 지금 내가 겪는 경험이나 고난이 인간이라면 누구나 겪는 공통적인 경험이라는 것을 인정해주는 태도입니다. 마치 소중한 타인을 대하듯 나를 달래고 보듬어주는 것이죠.

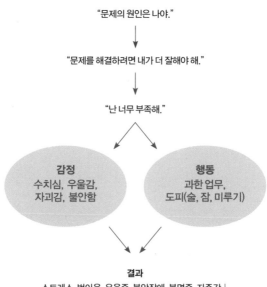

"문제의 원인은 나야."

↓

"문제를 해결하려면 내가 더 잘해야 해."

↓

"난 너무 부족해."

감정
수치심, 우울감,
자괴감, 불안함

행동
과한 업무,
도피(술, 잠, 미루기)

결과
스트레스, 번아웃, 우울증, 불안장애, 불면증, 자존감 ↓

앞의 도표처럼, 자책감은 자신에 대한 신뢰를 떨어뜨리고 비판적인 생각을 부풀립니다. 이로 인해 부정적인 감정이 지속되면 우울과 불안의 늪에 빠지기 쉽습니다. 또한 자책감이 만들어내는 부정적인 생각과 감정으로부터 회피하게 되고, 이는 오히려 건강하지 않은 대처가 되어 장기적으로 정신건강에 악영향을 끼칩니다. 그렇다면, 앞의 도표와 같은 사고회로에 자책감 대신 자기자비를 넣는다면 마음에 어떤 변화가 일어날까요?

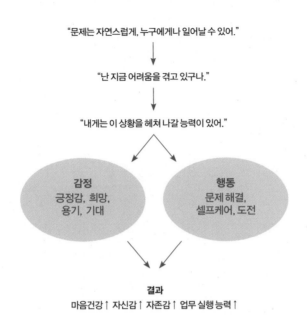

"문제는 자연스럽게, 누구에게나 일어날 수 있어."

↓

"난 지금 어려움을 겪고 있구나."

↓

"내게는 이 상황을 헤쳐 나갈 능력이 있어."

감정
긍정감, 희망,
용기, 기대

행동
문제 해결,
셀프케어, 도전

결과
마음건강↑ 자신감↑ 자존감↑ 업무 실행 능력↑

이처럼 스스로에게 따뜻함을 베푸는 자기자비적 태도는 부정적인 감정을 솔직하게 바라볼 힘을 내면에 불어넣습니다. 이런 사고방식을 키우면 감정을 수월하게 조절하고 문제 해결 방식을 효율적으로 찾을 수 있을 뿐만 아니라, 마음의 회복력도 함께 자라나 어려운 상황에서도 높은 자존감을 유지할 수 있게 됩니다.

자기자비를 다룬 여러 심리학 연구를 살펴보면 자기자비는 긍정적 생각과 감정 조절을 촉진하며, 부정적인 감정 상태가 악화되어 신체적·정신적 건강이 망가지는 일을 예방하는 효과가 있습니다. 또한, 효과적인 전략과 계획을 세우는 미래지향적인 사고방식을 길러 마음을 스트레스로부터 보호합니다. 따라서 자신에게 너그러운 사람은 우울증이나 불안장애와 같은 정신 질환을 겪을 확률이 낮고, 번아웃을 겪을 위험이나 스트레스에 영향을 받는 정도도 덜하며, 자존감과 삶의 만족도가 높습니다. 최근 발표된 의과대학과 치의과대학 학생들을 대상으로 한 연구 결과를 보면 자기자비적 사고에는 완벽주의가 번아웃으로 이어지는 것을 예방하는 기능이 있다고 합니다. 즉, 자기자비적 성향이 강할수록 직업에 의한 완벽주의적 압박이 실제 느끼는 스트레스로 이어지는 상황을 방지할 수 있다는 뜻입니다. 이와 같은 결과는 의료인이나 사무직 회사원 등 직업 스트레스가 높다고 여겨지는 직업군에서도 여러 번 검증되었습니다. 이는 **큰 책임감이나 압박을 느낄 수 있는 상황에서도 자기자비를 충분히 연습하면 몸과 마음의 건강을 지킬 수 있다**는 것을 의미합니다.

자기자비는 마음건강뿐만 아니라 자기계발이나 성장에도 효과적입니다. 우리는 자신을 채찍질하는 데 익숙해진 탓에, 스스로에게 너그럽게 굴면 해이해지거나 이기적으로 행동하고 반사회적인 사람이 되는 건 아닐까 걱정하기도 합니다. 하지만 다수의 인지심리학 연구에 따르면, 자기자비는 업무 수행 능력을 높이고 자존감을 탄탄하게 하고 마음 상태를 안정화하는 등 우리를 더욱 더 성장하게 합니다. 자기자비 연구의 선두 주자 크리스틴 네프Kristin Neff는 다양한 학생과 성인을 대상으로 연구한 결과, 자기자비적인 마음가짐을 가진 사람은 태도가 더 겸손하고, 대인관계 능력이 높고, 학습 능력도 더 뛰어나다는 사실을 검증했습니다.

뇌의 활성도를 측정하는 기능자기공명영상법functional magnetic resonance imaging, fMRI을 이용한 한 연구에서도, 자기자비를 연습하면 뇌에서 감정을 인식하고 신체 감각과 연결하는 부위인 뇌섬엽insula과 타인의 감정을 알아채고 공감하는 부위인 관자마루이음부temporal parietal junction의 활동이 강화된다는 사실이 밝혀졌습니다. 특히 오랫동안 자기자비 명상을 지속한 티베트 승려들은 이 부위가 더 강하게 활성화되는 모습을 보였습니다. 이를 통해 자기자비적 생각을 꾸준히 연습하는 것은 감정을 조절하고 공감하는 능력을 높일 수 있다는 것을 알 수 있습니다. 이러한 뇌의 변화는 정서와 공감 능력도 향상시키는데, 이는 곧 자기자비가 타인과의 의미 있는 관계 형성으로 이어지고 사회에서 받는 스트레스에서 마음을 보호한다는 것을 의미하기도 합니다.

이와 같은 연구는 자기자비가 뇌에 직접적인 변화를 만들어낼 수 있다는 사실을 보여줍니다. 자책이 감정에 상처를 입혀 사기를 떨어뜨리고 마음의 문을 닫게 하는 반면, 자기자비는 어려운 삶을 헤쳐 나갈 용기와 동기를 불어넣고 더 큰 사회적 성취를 달성할 수 있도록 우리를 이끌어줍니다.

과도한 책임감에서 벗어나는 마인드셋

책임감에서 거리를 두는 바운더리를 설정하려면 자기자비가 기본적인 생각과 마음가짐에서 핵심적인 축이 되도록 해야 합니다. 자기자비를 익히는 데 중요한 요소는 크게 세 가지가 있습니다. 첫째는 내 감정과 생각을 알아차리고 객관적으로 인식하는 '마음챙김', 둘째는 내 고통을 따뜻하고 열린 마음으로 수용하는 '친절함', 마지막은 내 경험을 세상에 존재하는 다른 사람들의 공통적인 경험이라고 정상화하는 '보편적 인간성'입니다. 이 세 가지 요소를 골고루 챙기며 책임감을 내려놓는 마음가짐을 연습하면, 문제를 구체적으로 해결할 행동 계획까지 효율적으로 구상할 수 있고 내 마음을 지키는 탄탄한 바운더리를 구축할 수 있습니다.

마인드셋 기르기 ①
: 내 마음을 객관적으로 관찰하는 마음챙김

✧

마음챙김은 모든 심리치료 기법의 기본으로, 나 자신과 연결되어 있음을 느끼는 기술입니다. 마음챙김은 마음을 이해하려는 태도인 '호기심'과 자신을 있는 그대로 받아들이는 '수용'이 뒷받침되어야 합니다. 이 두 가지 태도가 갖춰져야 부차적인 가치 판단 없이 내 마음을 있는 그대로 들여다볼 수 있습니다. 바운더리를 만들기에 앞서, '나는 나를 이해하려는 열린 마음을 가지고 있는가?'라고 먼저 자신에게 물어보세요. 지금의 내 마음을 밀어내거나 외면하지 말고, 내 상황을 좀 더 깊게 이해할 수 있도록 나를 있는 그대로 자연스럽게 바라보는 연습을 시도해봅니다.

내 안에 자리 잡고 있는 강한 책임감이 어떤 생각과 감정을 만들어내는지 관찰하다 보면 내가 겪는 어려움과 고통과 마주하게 될 수도 있습니다. 바로 이런 지점을 발견하는 일이 자기자비 연습의 시작점이 됩니다. 물론 힘든 마음을 들여다보는 것이 꺼려진다 해도 이는 자연스러운 일입니다. 하지만 지금 내가 맞닥뜨린 힘든 경험이 사람이라면 누구나 겪는 자연스러운 현상임을 인지하고, 나는 그에 맞서며 열심히 살고 있다고 나 자신을 토닥여주세요. 그러면 조금씩 내면을 들여다볼 용기가 솟고, 그 과정 안에서 점차적으로 자기자비가 이루어집니다.

- 눈을 감고 편안한 자세를 취한 다음, 호흡을 길게 두세 번 내쉬세요.

- 심장을 감싼다는 느낌으로 손을 가슴 위에 얹고 그 따뜻함을 느껴보세요.

- 호흡하며 들어오고 나가는 공기의 흐름과, 그에 따른 가슴과 손의 움직임을 느껴보세요.

- 내가 지금 이 시간과 공간에 존재함을 느끼며, 다음 질문을 자신에게 건네보세요.

  - 나는 지금 어떤 생각을 하고 있을까?

  - 이 생각은 나를 편안하게 하는 생각일까, 불편하게 하는 생각일까?

  - 나는 지금 어떤 감정을 느끼고 있을까?

  - 이 감정이 자연스러운 감정일까?

  - 이 상태로 인해 어떤 충동이나 욕구를 느끼는가?

  - 지금 몸에 어떤 감각이 느껴지는가?

- 위에서 떠오른 마음과 생각을 다음과 같은 문장으로 바꿔보세요.

  - 나는 지금_____(생각)_____을 하고 있구나.

  - 나는 지금_____(감정)_____을 내 안에 품고 있구나.

만약 마음챙김 중 생각이 다른 곳으로 흐르면, 그것을 '나쁘다', '틀리다'라고 판단하지 말고 다시 서서히 지금의 내 상태로 주의를 돌리면 됩니다. 마음챙김의 목적은 생각을 통제하거나 고치려 하지 않고, 있는 그대로의 모습을 호기심을 갖고 관찰하는 것임을 기억하세요.

예: 소현은 짜증이 밀려오는 것을 느끼고, 잠시 눈을 감고 자신의 마음을 들여다보는 시간을 가졌다. 가만히 내면을 들여다보니 그 안에는 타인과 일에 이끌려 힘겹게 지내는 자신의 모습이 보였고 실망감과 화, 우울함이 가득했다. '아, 나는 지금 내가 원하던 활기차고 자기주도적인 생활에서 많이 동떨어져 있구나'라는 생각이 들었고 문득 자신이 측은하게 느껴졌다. 여기에 '나는 지금보다 더 나은 상황을 만들려고 애쓰고 있구나' 하는 자신을 향한 이해심도 함께 들었다.

마인드셋 기르기 ②
: 자책하는 뇌의 오류 바로잡기

✧

자책은 우리를 사회적 상황에서 보호하고 지금의 환경을 존속하기 위해 존재합니다. 앞의 예시에서 소현 씨가 직장에서 직원으로서 인정받고 안정적인 가정을 유지할 수 있었던 데에도 자책이 어느 정도 역할을 했다고 볼 수 있죠. 하지만 자책이 과도하게 작용할 때는 자기자비 사고를 통해 마음에 상처를 입는 생각에서 벗어나야 합니다. 이럴 땐 자책을 하나의 '인지적 오류'로 이해하면 자기자비의 태도를 유지할 수 있습니다. 즉 자책을 뇌가 잘못 만들어낸 부산물로 보는 것이죠. 이렇게 이해한 후 자기자비를 담은 대화를 내게, 다시 말해 내 뇌에 건네면 과도한 자책을 좀 더 수월하게 잠재울 수 있습니다.

자책하는 뇌가 흔히 만들어내는 생각의 오류로는 '흑백논리'와 '재앙화 사고'가 있습니다. 인간의 뇌는 매일 입력되는 수많은 정보 중 중요한 것을 골라내어 신속하게 해석해야 하는데, 그 과정 중 오류나 고정관념과 같은 틀에 박힌 생각이 생겨나기도 합니다. 즉, 생존을 위해 활성화된 뇌가 너무 자기 일을 충실히 한 나머지 불편한 감정까지 일어나기도 한다는 것이죠. 그렇기 때문에 뇌가 뜻하지 않게 만들어내는 오류 패턴을 잡아내고 상황을 재해석하면, 좀 더 자비롭고 유연한 사고를 가질 수 있습니다.

잘못에만 집착하는 흑백논리에서 벗어나기

흑백논리는 특정 상황을 '이것' 아니면 '저것'으로만 구분하는 이분법적 사고를 뜻합니다. 완벽주의자의 시선으로는 모든 일이 순탄하게 돌아가야만 '성공'으로 보고, 실수나 약점이 하나라도 있으면 그 상황이 '실패'로 보입니다. 소현 씨도 워킹맘으로서 하루하루를 열심히 살고 있지만 아이가 어린이집에 가는 모습을 못 보고 출근해야 하는 현실에 자신을 '나쁜 엄마'라고 여기고 있었습니다. 그 외 긍정적인 요소들(아이를 위해 열심히 일한다는 사실, 주말에 아이와 즐겁게 놀아준다는 사실, 아이를 사랑으로 정성껏 키운다는 사실)은 모두 무시한 채 말이죠.

아잔 브라흐마의 저서 《술 취한 코끼리 길들이기》를 보면, 벽을 완성한 직후 잘못 쌓은 벽돌 두 개를 발견하고 자책하던 이에게

바운더리

"물론 내 눈에는 잘못 놓인 두 장의 벽돌이 보입니다. 하지만 내 눈에는 더없이 훌륭하게 쌓아 올린 998개의 벽돌도 보입니다"라고 조언하는 승려의 일화가 나옵니다. 이처럼 '성공' 혹은 '실패', '좋은 것' 아니면 '나쁜 것'이라는 식으로 만사를 이분법적으로 보고 있지는 않은지 살펴보고, 조금 더 현실적인 중간 지점을 찾아보아야 합니다. 흑과 백 두 가지 색만 보는 대신 비둘기와 같은 옅은 회색, 진한 먹구름과 같은 좀 더 진한 회색도 함께 보는 사고방식을 연습해봅시다.

흑백논리적 생각 다시 쓰기

다음 질문을 통해 내 마음속에 일어나는 흑백논리를 반론하고 그 생각을 새로운 문장으로 고쳐 써보세요.

- 실수가 내 전반적인 능력과 성과를 오염시키는가?
- 실수를 했다고 내가 영원히 무능한 사람이 되는가?
- 내가 잘한 건 무엇인가?

- "보고서에서 오타를 발견했어. 다 망했어."

  → "누구나 실수를 해. 괜찮아. 다음 보고서에서는 같은 실수를 하지 않도록 노력하면 돼."

- "엄마 얼굴도 못 보고 어린이집에 가다니. 나처럼 나쁜 엄마를 둔 우리 아이는 불행할 거야."

  → "나는 내가 할 수 있는 선에서 최선을 다하고 있고 아이도 내게 고마움을 느낄 거야. 나는 나쁜 엄마가 아니야."

최악의 상황을 떠올리는 사고 회로 멈추기

　재앙화 사고는 조금이라도 위협으로 간주될 수 있는 단서를 부풀려서 미래에 일어날지도 모르는 최악의 시나리오를 상상하는 사고방식으로, 완벽주의와 강박을 불러일으키는 불안한 감정과 큰 관련이 있습니다. 완벽주의는 미래의 상황을 통제하지 못했을 때 일어날지도 모르는 부정적인 결과가 두려워서 생겨납니다. 내가 완벽한 모습과 과도한 책임을 스스로에게 강요하고 있다면 어떠한 결과가 두려워서 그러는지, 만약 잘못된다 하더라도 내게 위기에 대처할 능력이 있는지, 내 걱정이 현실적이고 나는 지금 실제로 무엇을 할 수 있을지 물어보며 내게 주어진 상황을 객관적으로 해석하는 것이 좋습니다. 과거·현재·미래 중 우리가 통제할 수 있는 것은 지금 당장 일어나는 일, 현재밖에 없기 때문입니다.

재앙화 사고 다시 쓰기

다음 질문을 통해 재앙화 사고에 반론하고 그 생각을 새로운 문장으로 고쳐 써보세요.

- 내가 저지른 실수가 정말 치명적인가?
- 내게 실수로 발생한 결과에 잘 대처할 능력이 있는가?
- 과거에 불안하거나 위험한 상황에서도 잘 견뎌냈는가?
- 내 걱정·후회가 생산적인가?
- 나는 실제로 무엇을 할 수 있는가?

- "발표하다 실수하면 난 직장에서 잘릴 거야."
  - → "나는 이때까지 내 업무 능력을 실무로 증명했고, 앞으로도 좋은 모습을 보일 수 있어."
- "여행 계획이 틀어지면 이 여행이 상처로 남을 거야."
  - → "모든 게 마음처럼 돌아가지는 않아. 그리고 생각처럼 안 되더라도 우리가 함께 새로운 세상을 구경하는 것만으로도 의미 있는 시간일 거야."
- "여기서 리더십을 발휘하지 못하면 난 해고될 거야."
  - → "최선을 다할 테지만 그게 회사 사람들의 마음에 들지 않는다면 내가 지금 당장 할 수 있는 건 없어. 그리고 난 나답게 앞으로도 잘 살아갈 거야."

내게 따뜻하고 친절한 말 건네기

제가 내담자들에게 "실패를 겪은 친구에게 어떤 말을 해줄 것 같나요?"라고 질문하면, 많은 분들이 너그럽고 다정한 위로의 말을 어렵지 않게 이야기합니다. "앞으로 잘할 수 있을 거야" 혹은 "네 잘못이 아니니 너무 자책하지 마"와 같은 따뜻한 말이 막힘없이 나옵니다. 하지만 똑같은 말을 나 자신에게, 자신의 실패를 놓고 이야기하라고 말씀드리면 많은 분들이 그런 너그러운 말을 스스로에게는 하기가 어렵다고 이야기합니다.

자기자비를 조금 더 자연스럽게 시작할 수 있도록 제가 내담자들에게 자주 제안하는 기법은, 사랑하는 사람(친구 혹은 가까운 가족)을 위로하듯이 스스로에게 따뜻하고 친절한 이야기를 해주는 방법입니다. 먼저 사랑하는 사람이 위기의 순간에 있었을 때, 혹은 큰 죄책감을 느끼고 있었을 때 어떤 말을 해주었는지 떠올려보는 것으로 시작합니다. 그리고 내 내면에 자책이 솟아날 때 나와 가까운 사람이 그 말을 토로했다고 상상하며 자책하는 말에 친절하게 대답해보세요. 만약 스스로에게 이야기하는 것이 쉽지 않으면, 실제로 친한 친구에게 내가 자책한 생각을 적어서 읽어달라고 해도 좋습니다. 다음 표의 내용처럼, 자책하는 내면의 목소리를 자기자비를 담은 말로 달래주며 나 자신과 대화해보세요.

자책하는 말	자비로운 말
"너 또 발표를 그딴 식으로 하니? 말도 버벅이고 질문엔 동문서답이고, 이러니 네가 승진이 안 되지. 평생 이런 식으로 살아라."	"발표가 생각처럼 되지 않아 마음이 힘들구나(이해). 준비를 많이 했는데 잘 되지 않았으니 당연히 실망스럽겠지(이해+수용). 실수는 누구나 하는 법이야(수용). 어떻게 부족한 점을 메꿀 수 있을지 고민해보고 그 방법을 집중적으로 연습해보면 나아질 거야(실행)."
"아이가 지금 몇 번째 감기에 걸린 거야? 다른 엄마들은 일하면서 아이 컨디션 관리도 잘하던데, 너는 왜 제대로 하는 게 없어?"	"아이가 감기가 걸린 게 내 탓이라고 할 수 없지만 그래도 많이 속상하네(이해). 아이를 돌보는 나도 고생이 많구나(이해+수용). 이럴 때일수록 나를 챙겨야 아이에게도 정성을 다할 수 있어(실행)."

마인드셋 기르기 ③
: 나를 끌어안아주는 사랑과 친절의 명상

✧

자기자비로 이르는 중요한 요소 세 번째는 '보편적 인간성'으로, 내 삶에 찾아온 고난을 보편적인 인간의 경험으로 여기고 내가 세상 사람들과 이 공통점으로 연결되어 있음을 인정하는 자세입니다. 이 세상을 살아가는 사람이라면 누구나 삶의 고난에서 자유롭지 못하고 극심한 슬픔과 고통을 경험합니다(아무리 사회적으로 높은 지위에 있어도, 아무리 재산이 많아도 이 법칙을 피할 수는 없습니다). 그러나 우리는 이 사실을 곧잘 잊고 고난의 순간에서 고립을 경험하며 외로움을 느낍니다.

사랑과 친절의 명상Loving Kindness Meditation(일명 '자애 명상')은 삶의 힘든 순간을 바라보며 내가 겪는 어려움이 자연스러운 삶의 이치이자 인류의 공통된 경험임을 상기하고, 고통이 찾아오는 순간마다 내가 세상 사람들과 연결됨을 느끼도록 합니다. 이 명상 기법은 스트레스를 줄이고 우울증과 불안장애를 치료하는 기법으로도 널리 사용됩니다. 이 명상의 핵심은 자기 자신과 다른 사람들에게 애정과 친절을 불어넣고 그 온기 안에서 머무는 것으로, 자책하는 마음을 달랠 뿐만 아니라 타인에게도 자비와 용서를 내어줄 수 있는 마음의 공간을 만들어줍니다. 명상의 효과를 극대화하려면 20~30분간 시간을 두고 찬찬히 명상을 하는 것이 좋지만, 여기서는 가장 기본적이고 핵심적인 요소만 이야기해보도록 하겠습니다. 공부를 하다가도, 업무나 집안일을 하다가도 2~3분 정도 되는 짧은 시간에 쉽게 활용할 수 있는 명상 기법입니다.

기억하세요. 내 꿈이 원하는 대로 이루어지지 않는 것은 내가 잘못했기 때문이 아니라 자연스러운 섭리대로 삶의 장애물을 만나게 되었기 때문입니다. 삶의 고난 속에서 힘들어하고 있는 자신을 바라보고 내게도 잘 살고 싶은 염원과 욕구가 있음을, 건강하고 행복한 삶을 누릴 권리가 있음을 되새겨보세요.

사랑과 친절의 명상

1 잠시라도 하던 일을 멈추세요. 눈을 감고 시간적·공간적 여유를 허용합니다(예: 책상 앞, 소파 위, 싱크대 앞).

2 호흡을 길게 몇 번 들이쉬고 내쉰 다음, 내게 스트레스나 고통을 주는 상황을 떠올려보세요. 누구의 얼굴이 떠오르고, 무슨 소리가 들리는지 자세히 들여다보세요.

3 이 상황으로 인해 힘들어하고 있는 자신에게 이야기해주세요.
    - "내게 고난의 순간이 찾아온 거야."
    - "나는 지금 힘든 시간을 견디고 있어."

4 다음으로 나를 더 넓은 세상과 연결한다고 상상하며 이렇게 이야기해보세요.
    - "고난은 삶의 자연스러운 일부야."

바운더리

- "나는 혼자가 아니야."

- "삶이란 힘든 순간들을 견디는 거야."

5 사랑받을 때의 감각을 떠올리고, 손을 가슴 위에 얹고 따뜻하고 친절
한 기운을 내 안으로 불어넣으며 다음과 같은 질문을 스스로에게 건
네봅니다.

- "내가 행복하게 살아도 될까?"

- "내가 건강하게 살아도 될까?"

- "내가 마음의 평화를 얻어도 될까?"

- "나를 용서해도 될까?"

- "나를 있는 그대로 받아들여도 될까?"

6 만약 스스로에게 질문을 던지는 것이 어색하게 느껴진다면, 친한 친
구나 가족을 떠올리며 그들에게 말하듯 물어보세요. 그런 다음 같은
질문을 자신에게 한다는 생각으로 다시 5번으로 돌아가보세요.

내 역할에 우선순위를 매기는 연습

앞의 내용을 통해 과도한 책임감과 거리를 두는 법을 연습했다면, 이제는 그 방법을 행동으로 옮겨 바운더리를 완성할 차례입니다. 머릿속으로만 자기자비를 익히고 끝내는 것이 아니라, 직접 행동으로 옮겨 내게 실질적으로 자비를 베풀려고 노력해야 삶에 변화를 일으킬 수 있겠죠. 바운더리는 눈에 보이는 뚜렷한 경계선이 아니기 때문에 처음에는 설정하는 것이 다소 어렵게 느껴질 수 있습니다. 그럴 때에는 내가 가지고 있는 여러 가지 역할과 책임감을 나열해보고, 어떻게 거리를 두고 무엇에 우선순위를 둘 것인지 적어가며 분류하는 연습이 도움이 됩니다.

다음 내용을 활용해 내가 만들고 싶은 바운더리를 찾아나가는 연습을 해보세요. 먼저, 바운더리 설정에 앞서 스스로에게 물어보세요.

- 현재 나는 감정적 여유를 어느 정도 느끼고 있는가? _____

  (전혀 여유가 없고 지쳐 있는 상태를 0점, 마음의 여유와 에너지가 넘치는 상태를 10점으로 여기고 0~10점까지 점수를 매겨보세요.)

- 내가 하고 싶은 것을 충분히 하며 행복을 느낄 권리를 누리고 있나? _____

  (마찬가지로 0점을 '전혀 못 누리고 있다', 10점을 '매우 잘 누리고 있다'고 여기고 0~10점까지 점수를 매겨보세요.)

그리고 이제 다음과 같은 장면을 떠올려봅시다. 지금 내가 서커스의 피에로처럼 공 여러 개를 저글링하고 있다고 상상해보세요. 공을 손에서 떨어뜨리지 않으려고 당신은 무척 애쓰고 있습니다. 재빠르게 손을 움직이며 공을 공중에서 받아내고 그 공을 손에서 손으로 옮기느라 마음이 분주합니다. 여기까지 떠올렸다면, 공이 내가 지금 당장 책임을 지고 끝내야 하는 일이라고 생각하고 각 공에 무엇이 담겨 있는지 살펴보세요.

- 내가 지금 당장(오늘이나 이번 주 안으로) 해야 할(아니면 해야 한다고 느끼는) 일은 무엇일까?

  (소현 씨의 리스트: 엄마 칠순 여행 준비(교통편, 숙박 예약), 엄마 칠순 선물 준비, 엄마 병원 모시고 가기, 아이들 소풍 간식 싸기, 큰아이 영어 학원 등록, 장보기, 팀 회의 기록 정리, 회식 장소 예약하기, 블로그 글쓰기)

그리고 각 항목을 훑어보며 스스로에게 질문해보세요.

- 이 일은 내가 정말 중요하고 가치 있다고 생각하는 일일까?
- 남들의 눈치 때문에 이 일을 해야한다고 느끼는 걸까?
- 실제로 어디까지가 내 몫일까? 다른 사람과 나누어 할 수 있는 일일까?
- 나는 이 일을 끝낼 시간과 마음의 여유가 있을까?
- 만약 내가 책임을 지지 못한다면 어떤 일이 벌어질까?
- 이 일을 내가 하지 못하면 실제로 위기의 상황이 벌어질까?
- 이 일을 도맡아 하면 난 스스로나 다른 사람을 원망하게 될까?

위의 질문을 마쳤으면 이제 공에 종류를 두고 분류하고, 다른 이에게 넘길 공을 골라봅시다. 공 하나하나가 다 중요하지만, 모든 공을 다 붙잡고 있기엔 너무 지치고 힘드니까요. 어떤 공은 나무로 만들어진 가벼운 공으로, 옆 사람에게 쉽게 넘길 수 있습니다. 내가 아니라도 다른 이가 받아서 잘 다룰 것입니다. 당신의 공 중 나무 공은 무엇인가요?

- 소현 씨의 나무 공: 큰아이 영어 학원 등록, 칠순 여행 숙박 예약 (막냇동생에게 넘기기), 회식 장소 예약하기(팀원에게 넘기기), 엄마 생신 선물과 여행 교통편 예약(둘째 동생에게 넘기기).

바운더리

어떤 공은 쉽게 망가지지 않는 고무 공입니다. 지금 잠시 땅에 떨어뜨려도 곧 튀어오르니 나중에 다시 잡을 수 있는 공이죠. 따라서 지금은 잠시 밀어둬도 큰 위험 상황에 처하지 않습니다. 당신의 공 중 고무 공은 무엇인가요?

- 소현 씨의 고무 공: 블로그 글쓰기(여행 다녀와서 쓰기), 장보기(이번 주까지만 집에 남은 재료를 사용하거나 외식하기).

나머지 공은 떨어지면 깨지기 쉬운 유리 공입니다. 지금 내게 너무나 중요하고 손에서 놓치면 박살나 나와 사랑하는 사람들을 곤경에 빠뜨릴 일입니다. 당신의 공 중 유리 공은 무엇인가요?

- 소현 씨의 유리 공: 아이들 소풍 간식 싸기, 엄마 모시고 병원 방문, 팀 회의 기록 정리.

마지막으로, 나를 아끼고 보듬어 주는 마음을 담아 유리 공에 즐거움을 주는 일을 적어봅니다. 평소에 하고 싶었고 나를 채워주는, 나를 위한 일입니다. 내가 수행해야 할 책임 중에는 스스로에게 자비를 베풀 책임도 있습니다. 그런 일로는 무엇이 있을까요?

- 소현 씨의 즐거움: 친구와 새로운 식당에서 한 끼 식사.

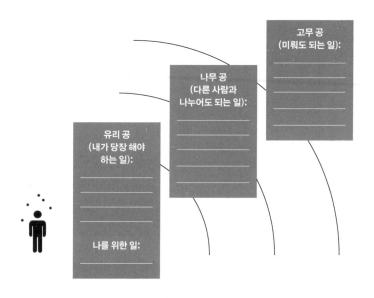

이제 내가 분류해놓은 공들을 보며 내 마음이 어떤지 확인해 보세요. 선택한 유리 공에 후회감이 드나요? 아님 이런 일을 할 수 있다는 사실에 뿌듯함을 느끼나요? 혹시 다른 이에게 넘기거나 내려놓은 공들 때문에 불안한 마음이 드나요? 바운더리의 목적은 일의 우선순위를 정해 삶의 주도권을 잡는 것임을 명심하세요. 그리고 그 우선순위에는 '나' 자신이 포함되어야 합니다. 내가 왜 이 유리 공에 집중하기로 선택했고, 모든 공을 다 붙잡는 것이 불가능하다는 사실을 스스로에게 상기하는 것이 중요합니다.

마지막으로 내가 이 일들을 다 해내지 못할 때 내게 건넬 수 있

바운더리

는 자기자비 대화로는 어떤 것이 있을지 떠올려보며, 나 자신에게 격려와 응원의 메시지를 보내보세요. 이런 연습이 여러분이 조금이라도 여유롭고 자유로운 생활을 하는 데 도움이 되길 바랍니다.

- 소현 씨의 자기자비 대화: "내가 맡으려 했던 책임을 내려놓으니 불편해. 그래도 이 모든 것을 붙잡고 있으면 만족스러운 삶을 살 수 없어. 그러니 비현실적이고 완벽한 상태를 좇지 않아도 돼. 내게는 쉴 권리도, 내가 사랑하는 것들에 집중할 권리도 있어."

책임감과의 바운더리 연습 자료를 QR 코드로 다운받아 활용해보세요.

✧

3장

지친 삶에 활력을 충전해줄
진짜 휴식

일과 쉼을 구분하는 바운더리

뒤처질까 봐 쉬지 못하는 사람들

호준은 애플리케이션을 만드는 스타트업 회사의 개발팀에서 일하는 30대 남성이다. 자기계발에도 관심이 많아 크리에이터로도 일하고 그로 인한 부수입도 있다. 친구들은 그를 워커홀릭이라고 부르며 놀리기도 했다. 호준도 친구들의 말에 동의하고 그런 별명이 부끄럽기는커녕 자랑스럽게 느껴지기도 했다.

하지만 그는 지나친 업무로 인해 만성피로를 앓고 있었고, 식습관과 수면 습관과 같은 기본적인 생활 체계도 오래전부터 무너진 상태였다. 부모님은 호준의 건강을 매우 걱정하며 '쉬엄쉬엄 일하라'는 말씀을 입에 달고 계신다. 그래도 호준은 쉴 수 없다고 생각했다. 경제적 자유, 내 집 마련, 결혼 등 이루고 싶은 것이 많았고, 게을러지거나 목표에 해이해지면 금방이라도 뒤처질 것만 같았다.

그나마 주말에 업무를 끝내고 저녁에 친구들과 밤 늦게까지 술을 마시는 것으로 스트레스를 푼다고 생각했지만, 다음날 술병과 늦잠으로 시간을 많이 허비하게 되고 피로는 오히려 더 쌓여만 갔다. 게다가 먹으면서 스트레스를 푼다고 생각하며 과식과 야식을 일삼다 보니 최근에는 위염이 생겨 병원을 찾기도 했다. 늦은 밤 일과를 다 마치고 침대에 누워 휴대전화로 SNS와 뉴스나 영상을 보며 잠들 때까지 휴식을 취했지만 그것만으로는 피로를 풀기에 충분하지 않았다. 휴식은 자신과는 상관 없는 이야기라고 여기면서도, '내가 언제까지 이렇게 달려야 하지?' '어디가 이 경주의 끝이지?'라는 의문이 들었다.

모든 생물은 삶의 큰 일부를 휴식을 취하는 데 씁니다. 인류의 먼 조상도 적절하게 휴식을 취하고 잠자리에 드는 일과에 따라 살았고, 초파리와 민달팽이 같은 단순하고 작은 생명체들도 휴식과 잠을 포함하는 생체 리듬을 가지고 살아갑니다. 심지어 성경을 보면 세상의 창조주도 7일 중 1일은 오로지 쉬는 데 투자했다고 합니다. 그러나 현대사회에서는 쉬는 시간이 자연스러운 삶의 일부가 되기가 점점 더 어려워지고 있습니다. 직장 생활, 육아, 공부 등 각자 해야 할 일로 바쁜 일정을 보내고 있기 때문입니다. 아무리 열심히 해도 멈추면 안 될 것 같고, 일하지 않을 때 소파에 누워 시간을 보내도 충전이 되었다는 생각은 들지 않습니다. 주말이 되면 잠도 더 자고 일과 거리를 두어보지만 다시 월요일이 되면 일상의 스트레스를 고스란히 받는 일상으로 돌아옵니다. 호준 씨 역시 젊은 날에 하고 싶은 것도, 이루고 싶은 것도 많아 열심히 노력했지만 이런 강한 목표 의식이 오히려 휴식 없는 일상으로 그를 이끌고 있었습니다. 쳇바퀴를 타듯 하루하루를 보내며 지쳐가지만, 어떻게 해야 이런 삶에서 벗어날 수 있을지 몰라 스스로를 소진시키는 모습은 오늘날 많은 이들의 일상에서 찾아볼 수 있는 모습입니다.

쉬면 도태된다는 두려움

✧

우리가 제대로 된 휴식을 취하지 못하는 데는 크게 두 가지 이유가 있습니다. 첫째는 **쉬면 안 될 것 같다는 두려움**을 느끼기 때문이고, 둘째는 **적절히 쉬는 법을 몰라서**입니다.

흔히 '워커홀릭'이라는 표현은 일이나 일과 관련된 결과를 좋아해서 일에 중독된 듯 빠져들고 집착하는 사람을 가리킬 때 사용하지만, 사실 워커홀릭인 사람들은 일을 하지 않은 상태가 만들어낸 불안한 마음으로부터 회피하려고 일에 몰두하는 경우가 많습니다. 이들이 휴식을 꺼리는 건 **쉬면 뒤처질지 모른다는 두려움과 훗날에 대비하지 못할 것 같다는 걱정**이 주요한 원인입니다. 그리고 이런 심리적 요소의 뿌리에는 사회에서 받은 '쉼은 게으름이다', '하루라도 더 열심히 달려야 한다'라는 압박과 그로 인해 생긴 강박이 있습니다.

어린 시절 읽었던 《이솝 우화》에 나오는 토끼와 거북이 이야기를 기억하시나요? 이 이야기는 한국뿐만 아니라 전 세계 아이들에게 꾸준하게 노력하면 결국 경주에서 이길 수 있을 것이라는 교훈을 주었습니다. 그러나 저는 이 이야기에 안타까운 부작용이 있다고 생각합니다. 이 이야기를 들으며 자랄 아이들에게 '쉬면 남들보다 뒤처지니 멈추면 안 된다'라는 휴식에 관한 부정적인 메시지도 함께 주입되지 않았을까 하는 생각 때문입니다. 그래서 많은 분들이 쉬어야 할 때도 쉬면 게으름만 피우는 것 같다고 여기고, 맘 편히 쉬는 대신 현재를 희생하는 길을 택하는 게 아닐까 합니다. 자연히 삶의 만족도는 뒷전으로 밀려나게 되죠. 저는 가끔 한국인들이 조금만 덜 성실했다면 현대 한국 사회에서 우울증과 불안이 줄어들지 않았을까 생각합니다.

이렇듯 끊임없이 노력해야 한다는 생각을 주입하는 사회에서 휴식은 노고의 보상이 되었습니다. 휴식은 열심히 살았고 성공했다는 조건을 채웠을 때 주어지는 것이 아닌데 말이죠. 그렇기 때문에 많은 이들이 **원하는 지점에 도달하지 못했는데 휴식을 취하려고 하면 죄책감에 빠지곤 합니다.** 그리고 이러한 감정과 생각은 휴식을 자연스러운 일상의 일부분으로 받아들이는 데 장애물이 됩니다.

진짜 휴식과 가짜 휴식의 차이점

✧

휴식이 어려운 두 번째 이유는 우리가 휴식이 무엇인지, 휴식할 방법을 어떻게 찾는지 잊었기 때문입니다. 학업에 매달리던 시절을 지나 취업 준비, 육아, 직장 일에 온 힘을 쏟는 데 익숙해져서 쉬는 것이 어색하게 느껴지고, 어떻게 해야 잘 쉴 수 있는지 방법을 잊어버린 분들이 많습니다. 어릴 때는 재미있는 것, 날 웃게 만드는 것이 참 많았는데 이제는 여유가 생겨도 시간을 어떻게 써야 할까 몰라 고민합니다. 쉰다고 생각하면서 늦은 시각에 야식을 먹어대고, 과음하고, 자극적인 미디어를 시청하는 데 시간을 쓰지만 이런 활동은 잠시의 쾌락일 뿐 내게 건강한 활력을 공급하지 못합니다. 특히 요즘은 많은 사람들이 시간이 나면 유튜브, 쇼츠나 릴스 같은 짧은 영상, SNS 등을 들여다보며 온라인 정보를 보는 것을 휴식으로 여깁니다. 그런데 이런 게 정말 휴식일까 의문이 듭니다. 우리 뇌는 이를 휴식으로 받아들일까요?

우리는 항상 '접속'할 수 있는, 24시간 가동되는 온라인 세상과 함께 살고 있습니다. 이는 우리가 맘 편히 쉬지 못하고 무리하게 되는 매우 큰 환경적 요소입니다. 언제든 바깥세상으로 뛰어들 수 있다는 사실, 실시간으로 사람들과 대화하고 새로운 소식을 접할 수 있다는 사실 때문에 끊임없이 일과 생산에 맞닿아 있다는 느끼게 됩니다. 물론 온라인 세상은 우리에게 무시 못할 수준의 재미와 쉼을 제공하기도 합니다. 하지만 **온라인에서의 휴식은 진정한 휴식으로서의 기능을 하지 못할 가능성이 큽니다.** 온라인에서 '쉰다'라는 명목으로 스크롤을 내리며 보내는 시간은 뚜렷한 목적 없이 현재 느끼는 지루함과 스트레스를 회피하는 데 사용되기 때문입니다. **진정한 휴식은 재충전을 위한 뚜렷한 목적을 가지고 그 목적에 온전히 집중해 지금의 시간을 투자할 때 생겨납니다.** 즉, 현재에서 벗어나는 게 아니라 오히려 현재와 깊게 맞닿으며 그 시간에 즐거움을 오롯이 느끼고 안정을 얻는 활동이 진정한 휴식입니다. 거품 목욕을 즐길 때 몸이 따뜻한 물에 들어가는 감각과 그로 인해 생기는 즐거움에 집중하고, 친한 친구와 이야기할 때 시간 가는 줄 모르고 대화에 집중해 친구와 보내는 시간을 즐기면 그 즐거움이 마음속에 남고, 지친 마음에 활력이 솟아나게 되죠.

전자기기와 접촉하며 느끼는 피로는 우리 몸에 부담을 줄 수 있고, 계속되는 정보 전달과 자극이 뇌에 질 좋은 쉼을 주지 못해 오히려 뇌가 진정한 휴식에 더 목마르게 됩니다. 휴대전화를 사용할 때의 뇌를 분석한 영상을 보면, 일시적으로는 쾌락과 관련된 신경전달물질인 도파민이 분비되지만 그 시간이 길어지면 스트레스 호르몬인 코르티솔을 분비되고 피로가 쌓이게 됩니다. 이 상태가 지속되면 신체 노화가 빠르게 진행될 위험도 커집니다. 게다가 휴대전화를 장시간 사용하는 청소년에게서는 충동 조절을 담당하는 뇌 부위인 안와전두피질과 기댐핵 간의 기능적 연결성이 감소했다는 결과도 있습니다. 이는 휴대전화를 장시간 사용할수록 충동 조절에 어려움을 겪고, 결국 시간을 효율적으로 분배하지 못해 질 좋은 휴식을 취할 시간을 내기 어려워진다는 의미입니다.

이런 잘못된 휴식 방법을 지속하면 장기적으로 몸과 마음에 해를 입고 삶의 근본적인 문제에서 계속 도피하게 되어 심각한 번아웃 상태에 이릅니다. 따라서 기본적인 휴식과 진정한 휴식의 의미를 이해하고 내가 취할 수 있는 진정한 휴식으로는 어떤 게 있을지 탐색할 필요가 있습니다. 여기서 명확히 하면 좋을 점은, **나를 현재의 즐거움으로 데려다주는 행위가 진정한 휴식**이라는 점입니다. 자연에 눈길을 주고 몸을 맡기고, 모임에 참석해 사람들과 얼굴을 마주보고, 아이들을 놀이터로 불러 함께 뛰어노는 등 지금 이 순간을 만끽하는 노력이 지속적으로 필요합니다. 이런 노력은 모두 온라인에서 보내는 시간에 적정선을 그을 때 가능해지므로, 의식적으로 온라인에서 보내는 시간과 이용할 정보의 범위에 바운더리를 설정해 나가는 노력을 계속해야 합니다. 그래야 비로소 일상생활에서 진정한 휴식을 취할 여유가 생겨납니다.

우리가 몰랐던 '진짜 휴식'의 성질

✦

앞에서 말한 내용을 종합해보면, 휴식에 장애물이 되는 요소에는 여러 가지가 있습니다. 죄책감과 불안이 들거나 쉬는 방법을 몰라서 쉬지 못하는 분들도 있고, 돈이 부족하거나 휴식이 사치처럼 느껴져서 쉬기가 어렵다고 하는 경우도 많습니다. 하지만 휴식은 생각보다 우리의 일상 곳곳에서 찾을 수 있습니다. 휴식을 방해하는 것들을 해결할 방법을 찾아보는 데 앞서, '쉼'을 명확하게 정의하는 데 도움을 줄 휴식의 몇 가지 특징을 소개하겠습니다.

1. 휴식이 수동적이지만은 않습니다

우리는 흔히 휴식이 '아무것도 하지 않는 상태', 숫자로 치면 '0'에 가까운 상태를 이른다고 생각합니다. 그렇기 때문에 휴식을 수동적이고 낭비하는 시간이라 여기기 쉽습니다. 하지만 **능동적인 행동도 휴식이 될 수 있습니다.** 마음을 쉬게 하는 명상에서는 나를 편안하게 만들어주는 한 대상에 집중하는 법을 훈련합니다. 이때 뇌에서 생성되는 알파파에는 긴장을 푸는 효과가 있으며 창의력, 시각화, 기억력과 관련된 인지기능 활성에 중요한 역할을 합니다. 즉, 집중력이 필요한 능동적인 활동 역시 기력을 충전하는 데 효과적이라는 뜻입니다.

또한, **휴식에도 의도와 목적이 있어야 긍정적인 효과가 나타납니다.** 일을 하지 않는다고 그 시간에 휴식이 저절로 되지는 않습니다. 분명 일을 하지 않고 느긋한 시간을 보냈는데도 질 좋은 충전은 되지 않았다는 느낌을 받곤 하죠. 앞에서도 이야기했듯 많은 사람들이 바쁜 일상에서 잠시 벗어날 시간이 있으면 쉽게 휴대전화나 TV를 들여다보지만, 이렇게 수동적으로 특별한 목적 없이 보내는 시간이 항상 휴식의 효과를 가져다주지는 않습니다. 진정한 휴식의 효과를 얻고 싶다면 **휴식할 때 적극적으로 몰두할 수 있는 활동, 그 활동에 쓸 시간과 공간을 따로 마련해야 합니다.** 일에 집중할 수 없어 30분간 계획이나 목적 없이 유튜브 영상을 시청했을 때와, 쉬겠다는 목적을 염두에 두고 30분간 읽고 싶던 잡지를 읽거나 산책을 했을 때 중 어느 쪽이 더 내면을 채워짐을 느낄까요? 한번 직접 실험해보시기 바랍니다.

2. 휴식은 창의성·생산성을 불어넣습니다

일하지 않고 쉬면 생산성이 떨어질지 모른다는 불안에 휴식을 등한시하는 경우도 많습니다. 하지만 삶을 달리기 경주라고 하면 휴식은 완주하는 과정에서 연료를 급유하는 것과 같습니다. 특히 직업적인 면에서 지식과 창의성이 중요시되는 현대사회에서는 오히려 적절하게 휴식을 취해야 생산성을 높일 수 있습니다. 업무에서 잠시 벗어나야 다른 정보를 접하는 시간이 생기고, 이에 영감을 받아 기존의 아이디어에 새로운 발상을 더해 더 기발하고 획기적인 아이디어를 만들 수 있기 때문입니다. 여기에 회사에서 가장 창의적이라고 평가되는 사람은 사실 동료들과 잡담을 많이 나누는 사람이라는 흥미로운 연구 결과도 있습니다. 휴게실에서 나누는 일상적인 대화('정수기 옆 대화water cooler conversations'라고도 합니다)는 게으름의 단면이 아니라 형식에서 벗어난 생각의 나눔이자 정보의 교류, 아이디어 창조의 발판이라는 것이죠. 단편적인 휴식은 곧 독창성과 생산성으로 이어집니다.

인지심리학에 따르면 창의력에도 겉으로 드러나지 않는 '잠복 기간'이 있으며, 업무에서 거리를 두는 휴식 시간이 내 안에 잠재하던 아이디어를 자극해 좋은 발상이 샘솟을 확률을 높인다고 합니다(이 현상을 일명 '배양 효과incubation effect'라고 합니다). 다른 곳으로 잠시 주의를 돌리고 다양한 경험과 자극을 접하는 과정에서 기존 아이디어를 개선하는 계기가 생기기 때문이죠. 또한 우리가 휴식을 취하며 아무것도 하지 않는다고 느끼는 시간에도, 뇌는 전전두엽·두정엽·측두엽을 아우르는 기본신경망default mode network을 작동해 무의식 속에 정보를 처리하고 저장된 정보의 더미에서 의미를 찾아나가는 작업을 계속합니다. 이 신경망은 특정 업무를 수행하지 않는 상태에서 선택적으로 활성화되는데, 뇌에게 휴식의 기능을 선사할 뿐만 아니라 자기성찰과 기억 처리, 창의성 강화 등 매우 중요한 뇌 기능을 활성화합니다. 즉, 휴식은 뇌에게 적극적인 충전의 기회를 준다고 볼 수 있습니다. 꼭 아이디어가 필요한 직무가 아니더라도, 근력과 지구력을 요하는 업무에서도 휴식은 매우 중요합니다. 신체에 에너지가 비축되어야 장기적으로 건강하게 노동을 지속할 수 있기 때문이죠. 종합해보면, 휴식은 몸과 뇌를 충전하는 동력이

자 내가 하고자 하는 일을 장기적으로 수행할 수 있게 돕는 연료입니다.

3. 휴식은 사소한 것에서 시작됩니다

많은 사람이 '휴식'이나 '셀프케어'라는 말을 들으면 호화로운 여행이나 호텔에 누워 즐기는 '호캉스'를 떠올립니다. 물론 이런 모습도 휴식의 한 종류이기는 하지만, 휴식에 관한 이런 이미지는 우리 마음에 휴식에 대한 장벽을 만들기도 합니다. 접근성이 떨어지는 휴식 방법이기도 하고, 내 삶과는 동떨어진 환상 속 이야기처럼 느껴지기 때문이기도 합니다. 하지만 사실 휴식은 많은 금전적 투자를 요하거나 멋들어질 필요가 없으며, 아주 작고 사소한 일에서부터 시작할 수 있습니다.

이 내용을 설명하기 위해 제 경험을 나누어보겠습니다. 바쁜 사회에서 살아가는 많은 사람들처럼 저도 항상 휴가를 갈구했고, 업무를 끝내고 나면 다시 정신없이 육아와 집안일을 하느라 휴식할 기회를 찾는 데 큰 어려움을 겪고 있었습니다. 휴식을 간절히 바랐지만 쌓인 업무로부터 거리를 둘 엄두가 나지 않았고, 여행이라도 다녀오고 싶었지만 아이들과 가는 여행은 고생만 될 것 같았습니다. 번아웃의 문턱에 접어들던 어느 날, 퇴근길에 제가 자주 듣는 팟캐스트에서 여성의학 전문 정신과 의사 푸자 락슈민^{Pooja Lakshmin}의 인터뷰가 나오고 있었습니다. 그는 "진정한 셀프케어는 내면에서 시작한다Real self-care is an inside job"라는 신선한 주장을 펼쳤습니다. 그의 논리에 의하면 셀프케어는 **멋들어진 모습이나 호화롭고 사치스러운 행동이 아니라, 내게 관대함을 갖고 마음을 열어 스스로를 돌보는 것**이었습니다.

그 말을 듣는 순간 저는 마치 만화처럼 머릿속 전구에 불이 반짝 켜지는 것 같은 느낌을 받았습니다. 그때까지 제가 그리던 휴식은 수영복 차림으로 크루즈 위에서 햇볕을 쐬거나 분위기 좋은 스파에서 마사지를 받으며 누워 있는 모습이었습니다. 하지만 락슈민 박사의 말처럼 꼭 그런 것만이 휴식이 될 필요는 없었습니다. 아이들과 즐겁게 노는 시간, 유튜브에서 배운 레시피로 새로운 요리를 해보는 시간도 다 휴식이 될 수 있었던 거죠. 그날을 계기로 저는 일상에 휴식을 더 가까운 곳에 둘 수 있게 되었습니다.

그리고 흥미롭게도 휴식은 우리를 내면과 연결하기도 합니다. 좋은 휴식이라는 결과물을 만들려면 무엇보다 스스로를 잘 이해해야 합니다. 이 과정에서 내 마음속 깊은 곳과 연결되고, 그 결과 내가 원하는 게 무엇인지 알고 더 잘 쉴 수 있게 되는 긍정적인 순환이 생겨나죠. 이는 스스로에 대한 수준 높은 이해와 자존감 증진으로 이어집니다. 보통 바쁜 생활을 하다 보면 내 몸과 마음의 상태가 어떤지, 내가 원하는 삶을 살고 있는지 등 내면의 상태를 깊이 들여다보기 어렵습니다. 하지만 머릿속을 바쁘게 만들던 업무에서 벗어나 쉴 시간을 가지면, 내게 필요한 게 무엇인지 쉽게 파악할 수 있고 더 효과적으로 자신을 돌볼 수 있게 됩니다.

이 사소한 휴식을 들이는 습관이 어려운 이유는 더 중요하고 급한 다른 일들이 일상에 자꾸 나타나기 때문입니다. 우리는 바쁘게 살아가느라 여러 가지 일을 모두 소화해야 하고 가끔 그런 일들이 휴식보다 더 중요하다고 느끼기도 합니다. 그러나 분주한 일정 사이사이에 스스로에게 잠깐의 여유를 허용하는 유연한 마음가짐을 기르면 더 자주, 더 쉽게 휴식의 달콤함을 일상 속에서 맛볼 수 있습니다.

4. 휴식은 짧게 자주 취할수록 효과적입니다

여러분은 언제 휴식을 취하시나요? 안타깝게도 우리가 휴식을 취하게 되는 시기는 몸과 마음의 상태가 좋지 않거나 소진감을 느낄 때가 많습니다. 이는 마치 몸에서 '더 이상은 못하겠어!'라는 경보가 울릴 때까지 자신을 혹사하다가 몸과 마음이 견디기 어려울 때가 되어서야 휴식을 찾는 것과 같습니다. 하지만 만약 휴식이 지쳐서 망가진 상태를 고치는 용도가 아니라 그런 상태가 닥치지 않도록 예방하는 용도라면 어떨까요?

휴식을 다루는 연구에 따르면 몰아서 취하는 휴식(예: 여름 휴가)은 번아웃을 예방하는 효과를 내지 못한다고 합니다. **오히려 주기적으로 일상에서 접하는 휴식이 몸과 마음을 충전하는 데 효과가 좋습니다.** 스트레스나 피로는 몸 속에 축적되면 여러 가지 경로로 건강과 마음에 악영향을 미치기에 적절한 시기에 해소해야 합니다. 여기서 장기간 쌓인 독소를 단기간에 풀려고 하면 큰 효과를 보기 어렵습니다. 독소가 오랫동안 축적되면 몸의 체계 자체에도 변화가 일어나기 때문입니다. 실제로 세계보건기구World Health Organization, WHO는 과도한 업무 시간이 수명을 단축하는 원인이라고 규명했습니다. 수면도 이와 마찬가지로, 주말에 몰아서 잔다고 해서 그동안 쌓인 수면 부족의 악영향이 완전히 해소되지는 않습니다.

그러니 '언젠가, 이 시간이 끝나면, 나중에' 휴식을 취할 계획이라면 그 계획을 잘게 쪼개서 매일의 생활에 넣어두는 것이 더 효율적입니다. 일하는 데 할당한 시간에서 조금, 또 아무 생각 없이 흘려보내는 시간에서 조금씩 기회를 떼어내 의식적으로 내가 쉴 수 있는 시간을 찾아보고 그 시간을 삶의 일부로 만들어보세요.

내려놓을 줄 알아야 잘 쉴 수 있습니다

✧

지금까지 휴식의 중요성과 목적에 대해 이야기했으니, 이제 그 중요한 휴식을 어떻게 잘 찾을 수 있을지 이야기할 차례입니다. 질 좋은 휴식을 취하려면 일단 압박감과 불안에서 벗어나는 내면의 노력이 필요합니다. 우리 뇌는 위협적인 요소를 만나면 바로 도망치거나 맞서 싸울 수 있도록 교감신경계를 작동시키고, 이에 따라 몸이 흥분하고 긴장된 상태로 전환됩니다. 호흡이 가빠지고 심장 박동도 빨라지게 되죠. 자연히 휴식과는 거리가 먼 상태가 됩니다. 그러니 **내게 스트레스를 주는 원인으로부터 거리를 두어 긴장을 풀고 반응을 제어하며 몸이 휴식할 수 있도록 해야 합니다.**

스트레스를 멀리하는 방법은 두 가지로 나눌 수 있습니다. 첫째는 생산성을 높여야 한다는 압박과 기대 내려놓기, 둘째는 일거리(즉, 스트레스의 원천) 자체를 제거하기입니다. 생산성에 대한 압박 내려놓기는 '내가 앞으로 할 일이 아무런 성과로 이어지지 않아도 괜찮다'는 마음의 여유에서 시작됩니다. 간혹 TV를 보며 빨래를 개키거나, 미팅을 하며 식사하는 등 휴식을 할 일과 병행하는 경우가 있습니다. 이런 행동은 '생산성'이 있어야 한다는 집착에서 벗어나지 못한 행동이기 때문에 진정한 쉼으로서 기능하지 못합니다. **휴식은 이루고자 하는 목표 없이 오로지 즐거움과 편안함을 찾는 행위입니다.** 그렇기 때문에 '뭐라도 해야 한다'는 무거운 압박을 벗어던지지 않으면 기력을 효율적으로 충전할 수 없습니다. 할 일이 있더라도 꼭 그 일을 지금 해야 하는지, 안 하면 정말 위험하고 파국을 맞는 결과로 이어지는지 스스로에게 질문해보세요. 앞서 1장에서 소개한 가치관 형성과, 2장에서 다룬 자기자비를 통해 책임감을 더는 연습도 일과 성실의 압박에서 벗어나는 데 매우 효과적인 도구입니다.

일에 매듭을 짓는 의식을 만드는 것도 생산성에 대한 기대를 낮추는 데 도움이 됩니다. 미국 조지타운대학교 교수이자 시간 관리 전문가인 캘 뉴포트Cal Newport는 하루 일과를 끝마치면 컴퓨터 전원을 끄고 모니터 화면이 검은색으로 변한 것을 확인한 후 "오늘 할 일은 이걸로 끝이야Schedule shut down. Complete"라고 소리 내어 스스로에게 이야기한다고 합니다. 저도 업무 생각으로 머릿속이 복잡할 때 의식적으로 이 말을 따라하며 스스로에게 쉴 권리를 부여할 것임을 다짐합니다. 쉬는 시간에 문득 일 걱정이 떠오르면 걱정하는 목소리에게 이렇게 답해줍니다. "지금은 일할 시간이 아니니 내일 다시 들여다볼게!" 이러한 의식은 사소해 보이더라도 남은 하루를 일이 아닌 다른 데 전념하겠다는 스스로와의 약속이며, 이런 노력이 일과 쉼을 구분하는 바운더리를 만듭니다.

일거리 자체를 제거하는 것도 번아웃을 예방하기에 매우 좋은 방법입니다. 뉴포트는 최근 발매한 저서에서 현대인에게서 번아웃을 줄이려면 '느린 생산성'을 염두에 두어야 한다고 지적합니다. 많은 사람들은 대개 생산성이라고 하면 빠르게 기계처럼 움직이는 모습을 떠올리지만, 뉴포트 교수에 의하면 많은 일을 빨리 해내는 행위는 사실 생산성에 치명적인 악영향을 미칩니다. 그러므로 더 질 좋은 결과를 내기 위해서는 자신이 장기적으로 달릴 수 있는 속도를 찾고 업무량 자체를 줄여야 한다고 합니다. 이는 개인이 스스로에게 부여하는 역할과 책임감에도 있어서도 진지하게 고민해야 할 주

바운더리

제지만, 나아가서 조직과 사회가 내부 구성원들에게 어떤 기대를 가져야 할지 논의할 때도 중요하게 다뤄야 하는 이야기입니다. 조직이 개인에게 많은 업무를 주고 그 일을 장기간 수행하기를 기대하기보다 양이 비교적 적은 업무라도 더 애정과 노력이 들어간 창의적인 결과를 내놓기를 기대한다면, 우리 사회도 휴식의 기회는 늘리고 번아웃은 줄일 수 있는 시스템을 조금씩 구축할 수 있을 테니까요.

앞에서 언급한 호준 씨처럼 일과가 지나치게 빠듯해 휴식을 취할 여유를 찾지 못하는 분들에게 가장 필요한 건, 업무와 생산성에 대한 과도한 기대를 어느 정도 내려놓는 과정입니다. 많은 양의 업무를 한꺼번에 처리하며 기력을 소진하기보다, 먼저 일에 우선순위를 두고 중요한 일 몇 가지에 집중해 차분히 업무를 마무리하는 거죠. 이렇게 하면 일상의 여유를 지키면서도 생산성을 높여 질 좋은 결과물을 내놓을 수 있습니다.

휴식의 종류 다섯 가지

✧

질 좋은 휴식을 취하려면, 먼저 내게 맞는 휴식이 무엇일지 찾는 과정이 필요합니다. 그러려면 먼저 휴식의 종류와 그 특성이 무엇인지를 이해해 내게 적합한 휴식을 골라야겠죠. 흔히 휴식을 '충전'이라고 하는 데서 알 수 있듯 휴식은 곧 내면에 에너지를 채우는 활동입니다. 그렇다면 그 에너지를 어디서 얻어야 할까요?

이는 흔히 성격 유형을 구분할 때 쓰이는 외향성·내향성의 차이점을 떠올리면 이해하기 쉽습니다. 한국에서도 'MBTI(마이어스 브릭스 유형 지표)' 열풍이 강하게 불고 난 후 많은 분들에게 익숙해진 개념이죠. 외향적인 사람은 집밖에서 사람들을 만나고 사회 활동을 하며 에너지를 얻고, 반대로 내향적인 사람들은 혼자만의 공간에서 시간을 보내며 에너지를 얻습니다. 휴식도 이와 마찬가지로 외부와 내부를 오가는 에너지의 흐름입니다. 에너지가 화폐라면, 휴식은 이 화폐를 저축하는 일인 셈이죠. 그렇다면 어떻게 휴식해야 에너지라는 부富를 잘 절약할 수 있을까요? 휴식의 종류를 살펴보며 함께 생각해봅시다.

차분한 휴식

가장 흔하게 떠오르는 휴식으로는 소파에 누워 있기, 텔레비전 시청, 가만히 있기, 낮잠 등 아무것도 하지 않고 에너지를 쓰지 않는 휴식이 있습니다. 실제 많은 사람들이 이런 방법으로 휴식을 취합니다. 전 세계 134국 1만 8천 명을 조사한 설문에서 대부분의 사람들이 자연에서 시간을 보내거나 음악 감상, 독서와 같은 활동을 하며 자신을 재충전하는 시간을 보낸다고 밝혔습니다.

이런 휴식은 우리 사회에서 게으름의 상징으로 인식되는 경우가 많지만, 느린 속도에 맞추어 차분하게 취하는 휴식은 몸에 원기를 불어넣고 피로를 줄이는 등 다방면으로 유익하며 기력 충전에 큰 도움이 됩니다. 게다가 앞서 설명했듯, 뇌는 아무것도 하지 않는 상태에서 정보를 처리하고 새로운 생각을 만들어내는 뇌 연결망을 활성화합니다. 차분한 휴식은 뇌가 창의성을 정비하는 데 꼭 필요한 시간이며, 결코 게으름을 피우는 상태가 아닌 것이죠. 그러니 오늘 그냥 흘려보낸 시간이 많다거나 정말 '아무것도 한 게 없다'라는 생각이 든다면, 자책하는 대신 '내게 정말 필요했던 활력을 불어넣었다'고 스스로에게 이야기하며 다가올 내일을 준비하는 것은 어떨까요?

사람들과 함께하는 휴식

사람들과 함께하는 휴식은 친구나 가족 등 가까운 지인들과 시간을 보내는 휴식으로, 친구 모임, 동호회, 가족과의 외식을 예로 들 수 있습니다. 사람은 타인과의 유대와 연결을 필요로 하기 때문에 사회적인 휴식도 에너지를 공급받는 중요한 원천입니다. 이러한 사회적인 휴식은 주변 사람들과의 유대를 강화해 기분에 긍정적인 영향을 끼치고, 언어·기억력·주의집중력 등 다방면으로 뇌를 건강하게 자극해 인지기능을 높이며, 활동량을 높여 신체건강을 증진한다는 큰 장점이 있습니다. 게다가 사회적 고립감과 외로움은 하루에 담배를 열다섯 대씩 피우는 것만큼 건강에 해롭다는 연구 결과도 있습니다. 사회적 연결이 삶을 유지하는 데 얼마나 큰 원동력인지 알 수 있죠. 이처럼 다른 사람들과 함께하는 활동은 일상에 다채로운 재미를 더하고 삶을 유지하는 동기가 됩니다.

활동적인 휴식

활동적인 휴식은 운동이나 역동적인 여가 활동처럼 몸을 움직이면서 취하는 휴식입니다. 축구 동아리에서 활동하거나 요가, 산책과 같은 운동을 즐기는 사람들은 이런 휴식을 지향합니다. 활동적인 휴식은 활력을 증진할 뿐만 아니라 인지 능력을 높이고 기분을 좋게 하는 효과가 있습니다. 이는 몸을 움직이면 뇌 활성도가 높아지고, 쾌락과 항스트레스 작용과 관련 있는 화학 물질인 도파민·세로토닌·노르에피네프린도 증가하기 때문입니다. 게다가 운동을 하면 기분 전환과 뇌 활동 증진 등 이로운 효과가 매우 즉각적으로 나타납니다. 흔히들 운동을 하려면 기력이 필요하다고 하지만, 사실 운동으로 인해 기력이 충전되는 거라고 볼 수 있죠.

수면

잠 또한 휴식의 한 종류이자 우리의 생존을 위해 중요하게 다루어야 할 대상입니다. 수면은 지대한 신체적·정신적·인지적 휴식의 효과가 있습니다. 하지만 안타깝게도 많은 사람들이 일과 휴식시간의 바운더리를 만들지 못해 근무 시간을 늘리고 휴식은 등한시하면서 수면은 중요성을 조금씩 잃게 되었습니다. 그 결과, 충분한 수면을 취하는 일은 미국 최대 경영 전문지 〈포춘〉을 비롯한 대형 미디어에서 이 시대의 '사치luxury'라고 이야기할 정도로 어려운 일이 되었습니다.

하지만 수면은 다른 방법으로는 대체할 수 없는, 건강에 꼭 필요한 휴식입니다. 수면이 깨어 있는 상태에서 누워 있는 것과 근본적으로 다릅니다. 그 이유는 바로 각 수면 단계에서 발생하는 뇌파가 각기 다른 종류의 휴식과 재생 기능을 담당하고 면역 기능, 인지 기능, 재생 기능, 감정 조절 기능 등 몸이 건강한 상태로 에너지를 생산하는 데 꼭 필요한 기능에 영향을 미치기 때문입니다. 수면의 단계 중 비렘수면Non-Rapid Eye Movement Sleep은 몸과 뇌가 휴식·충전하는 데 큰 역할을 합니다. 특히 가장 깊은 수면 단계인 'N3수면' 상태에서는 몸의 재생과 성장, 회복 능력이 극대화됩니다. 비교적 얕은 수면 단계인 렘수면Rapid Eye Movement Sleep, REM Sleep도 감정을 처리하고 마음건강을 유지하는 데 매우 중요합니다. 우리 사회는 오랫동안 '4당 5락(네 시간 자면 합격하고 다섯 시간 자면 탈락한다)'이라는 말을 믿으며 수면을 게으름과 정지의 상태로 여겼지만, 사실 수면은 이렇게 매우 효과적인 휴식일 뿐만 아니라 몸이 낮 시간의 기능을 최적화하는 데 꼭 필요한 활동을 하는 상태입니다.

놀이

마지막으로, 적극적으로 무언가에 참여하며 재미를 느끼는 놀이가 휴식으로서 얼마나 효과적인지 이야기해보겠습니다. 어린 아이들에게 놀이가 창의력, 사회 능력, 감정 조절 능력 향상에 긍정적인 영향을 끼친다는 것은 익숙한 사실입니다. 소꿉놀이, 줄넘기, 술래잡기 등 '놀이'는 성장 과정에 좋은 기억을 심어주고 건강한 어른으로 성장하는 데 큰 도움을 줍니다.

반면 어른들에게 '놀이'는 참 생소하게 느껴집니다. 어른들에게 '놀이'는 무엇일까 생각해봐도 그 의미를 잘 정의하기가 쉽지 않을 정도입니다. 저도 놀이가 정확히 무슨 뜻일지 확답하기 어려워 사전 여러 종을 살펴보다가, 휴식의 기능이 가장 잘 드러난다고 느낀 정의를 《아메리칸 헤리티지 영어 사전American Heritage Dictionary》에서 찾았습니다. 그 정의는 바로 "여가나 즐거움을 위해 몰두함"입니다. 즉, 놀이는 현실의 무게에서 벗어나 상상력과 창의력을 발휘해 자유롭게 재미를 찾는 과정입니다. 일에 대한 긴장감을 내려놓고 푹 빠져서 즐겁게 할 수 있는 활동이라면 모두 놀이가 될 수 있다는 뜻이죠. 어떤 사람에게는 놀이가 댄스 동호회에서 다른 사람들과 몸을 즐겁게 움직이는 활동일 수도 있고, 어떤 사람에게는 혼자서 조용히 글을 쓰는 시간일 수도 있습니다. 중요한 건 '내가' 재미와 즐거움을 느끼는 활동이어야 놀이가 될 수 있다는 점입니다. 타인의 기준에서가 아니라, '내' 기준에서 말이죠. 사람마다 재미를 느끼는 방법은 다르기에, 내게 잘 맞는 놀이가 무엇인지 적극적으로 찾고 그 놀이에 시간을 충분히 들여야 즐겁게 휴식을 취할 수 있습니다.

바운더리

어른의 눈으로는 놀이가 유치하게 느껴질 수도 있습니다. 나이를 먹을수록 더 엄격한 잣대로 스스로를 평가하고, 정해진 규율에 따르며 책임감 있게 행동하고, 시간을 허비하지 않아야 한다고 여기는 경향이 강해지기 때문입니다. 그러나 놀이는 나이에 상관없이 누구에게나 쉼과 충전의 기회를 주는 중요한 삶의 활력소입니다. 실제로 어른도 놀이를 즐기면 긍정적인 기분을 느끼고 건강한 행동을 하며 인간관계도 강화된다는 연구 결과도 있습니다. 놀이는 어린이뿐만 아니라 어른에게도 건강한 몸과 마음을 만드는 데 꼭 필요한 활동인 것이죠.

달릴 때와 쉴 때를 아는 바운더리

✧

앞서 이야기했던 모든 바운더리와 마찬가지로, 일과 쉼의 구분하는 바운더리는 내가 먼저 스스로에게 휴식을 취할 수 있는 시간적·공간적 여유를 허용하는 마음가짐에서 시작합니다. 사실 이 바운더리는 '워라밸(워크 라이프 밸런스 work-life balance)'이라는 말로 우리에게 익숙한 개념이기도 합니다. 많은 사람들이 일할 때와 쉴 때를 구분하는 바운더리를 삶에서 중요한 가치관으로 지향하죠. 하지만 바쁘게 살아가는 사회에서 삶의 균형을 찾는다는 게 쉽지 않다고 이야기하는 분들도 많습니다.

그래도 지금 내 상황에서 실천할 수 있는 바운더리를 적극적으로 탐색하고 만들어내면, 이 바운더리가 내게 가치 있는 삶을 든든히 지키는 울타리가 되어줄 것입니다. 일의 효율성을 높여 일하고 필요할 때 적절하게 쉬면서 구상한 바운더리를 행동으로 옮겨보세요. 그러면 목표를 향해 달리면서도 내 삶에 건강한 활력을 채우는, 보람으로 충만한 삶을 유지할 수 있을 겁니다.

바운더리

'진짜 휴식'을 위한 마인드셋

휴식 시간을 우선시하며 일과의 거리를 확보하는 마음가짐을 기르면 그 마음이 행동의 변화를 만들어내고, 나아가 더 온전한 삶을 향한 변화로 이어집니다. 그러기 위해서는 먼저 내가 기꺼이 시간을 내고 즐길 만한 휴식을 찾고, 버거운 일은 내려놓는 자세를 길러야 겠죠. 여기에 일하는 시간을 효율적으로 관리해 일에 소모되는 에너지를 조절하면 휴식 시간을 확보하는 데 큰 도움이 됩니다.

다음 내용을 살펴보며 어떤 휴식이 내게 적합한지 알아보고, 내 마음을 옭아매는 일은 적절히 떠나보내고, 일의 효율을 높이는 연습을 통해 질 높은 휴식을 취할 시간을 확보하는 바운더리를 하나씩 다져봅시다.

마인드셋 기르기 ①
: 나만의 재미를 찾아서

✦

앞서 놀이도 휴식의 일종이라는 이야기에서 설명했듯, 어른에게도 놀이를 통해 일상 속에서 재미를 찾는 일은 삶의 질을 유지하는 데 중요합니다. 하지만 많은 이들이 나이를 먹고 어른이 되면서 즐겁게 노는 법을 잊어버리고 질 좋은 휴식을 취하지 못합니다. 그렇다면 어떻게 삶에 놀이를 더할 수 있을까요?

내가 어떤 활동을 통해 활력을 얻는지 파악하면 놀이를 계획하기가 좀 더 쉬워집니다. 즉, 내가 놀이를 즐기는 성향을 이해하고 그 성향과 결이 맞는 휴식을 찾아야 한다는 뜻입니다. 다른 사람들이 어떤 놀이가 좋다고 해서 그 놀이가 내게 꼭 맞는 것은 아니니까요. 타인의 시선이나 외부의 압박에 신경 쓰지 않고 내가 진실로 즐거워하는 활동을 찾는다면, 어린아이처럼 순수하게 즐거움을 느끼는 내 모습과 만날 수 있습니다.

미국 놀이연구소National Institute of Play의 창립자인 스튜어트 브라운Stuart Brown은 연구를 통해 사람들에게는 8가지 '놀이 성격play personality'이 있으며, 이 중 어떤 놀이 성격에 해당하는지 알면 자신에게 맞는 놀이 활동을 수월하게 찾을 수 있다고 밝혔습니다. 나는 어떤 놀이 성격을 가지고 있나요? 다음 표를 보며 나는 무엇을 할 때 진정한 즐거움을 느끼는지 생각해보세요. 내 성격과 맞는 종류의 놀이를 찾았다면, 그에 맞는 여가 혹은 휴식 활동을 어떻게 일상에 포함할 수 있을지도 고민해보세요. 삶에 큰 재미를 더해주는 값진 경험이 될 것입니다.

놀이 성격 분류	특성	예
수집가 Collector	물건이나 경험을 수집하는 활동을 즐긴다.	피규어 수집, 우표 수집
경쟁자 Competitor	스포츠나 게임에서 승부를 겨루는 활동을 즐긴다.	축구부 활동, 테니스 시합
창조가 Creator/Artist	예술 작품을 만드는 등 창조하는 활동을 즐긴다.	가구 만들기, 요리
연출가 Director	이벤트를 기획하고 실행하는 활동을 즐긴다.	파티 플래닝, 이벤트 사회
탐험가 Explorer	새로운 아이디어나 공간을 찾는 것을 즐긴다.	여행, 공연 감상
장난꾸러기 Joker	장난치고 재미를 자극하는 활동을 즐긴다.	사교 모임, 코미디쇼 참여/관람
운동 선수 Kinesthete	활발하게 몸을 움직이는 활동을 즐긴다.	춤, 스포츠
이야기꾼 Storyteller	이야기를 듣거나 만드는 활동을 즐긴다.	영화 관람, 글쓰기

1 내 놀이 성격은 무엇인가요?

    1. _____

    2. _____

    3. _____

호준의 예: "내 놀이 성격은 탐험가, 창조가다."

2 나는 어린 시절 무엇을 좋아했나요? 어렸을 때 즐겼던 놀이와 취미 활동을 떠올려보고, 그 활동에 몰입할 때 느꼈던 즐거움도 떠올려보세요.

호준의 예: "친구들과 자전거를 타고 동네를 여기저기 누비며 노는 것을 좋아했다. 놀이터에서 형들이 미니카 경주를 하는 모습을 구경하기도 하고, 흙장난도 좋아해서 놀이터에 있는 모래에 물을 부어 성을 짓기도 했다. 더 커서는 레고로 성을 만들며 놀았다."

3 계속 이어가고 싶거나 다시 찾고 싶은 나만의 놀이는 무엇인가요? 이 놀이가 내 삶을 어떻게 더 풍요롭게 채워줄 수 있을까요?

호준의 예: "나는 무언가를 만들어 나가는 과정을 좋아했던 것 같다. 무엇을 만들지 머릿속으로 그려보고 그 물건을 만들어서 눈으로 볼 수 있는 물체로 만들 때 성취감을 느꼈다. 얼마 전 TV에서 은퇴하고 공방에서 가구를 만드는 할아버지의 사연 영상을 본 적이 있는데, 나도 그런 활동을 배워보고 싶었다. 내 안에 있는 '창조가' 놀이 성격을 끄집어내 조그맣게라도 가구를 만들어서 집에 놓고 부모님께도 선물한다면 정말 뿌듯할 것 같다. 또, 나는 새로운 것을 찾아내고 배우는 데서도 즐거움을 느낀다. 아

직 방문하지 않은 우리 동네 식당이나 가게도 들러보고, 가보지 않은 길로도 가보고, 새로운 요리에도 도전하며 즐거움을 찾고 싶다.

4 일상에 놀이를 좀 더 접목할 계획을 세워보세요. 언제, 어디서 놀이의 재미를 찾을 수 있을까요? 내가 재미를 찾는 데 방해가 될 만한 요소가 있나요?

호준의 예: "주말이나 퇴근 후 공방을 찾아다니며 조그만 가구, 벽시계, 도자기 등을 만드는 방법을 배우고 싶다. 어릴 적 좋아하던 레고에도 다시 관심을 갖고 레고로 유명한 건축물을 만들어보는 활동을 해보겠다. 평일에 2~3일은 회사나 집 근처 안 가본 식당에 가거나 새로운 음식을 만들어보며, 끼니도 챙기고 새로운 맛을 발견하는 즐거움을 찾을 것이다. 다시 바빠져서 놀이에 투자할 시간이 줄어들 수도 있지만, 주말에는 일을 하는 대신 내게 즐거움을 주는 활동을 하며 활력을 재충전하는 시간을 꼭 갖겠다."

마인드셋 만들기 ②
: 내 목적지에 집중하는 기차역 명상

✧

할 일이 많아 생각에 쉴 틈을 주기 어려울 때는 그 생각에 일일이 대응하지 않고 생각을 떠나보내는 연습을 하는 것도 도움이 됩니다. '기차역 명상'은 할 일이 많아서 머릿속이 복잡할 때, 막대한 업무량에 압도되어 한 가지 일에 집중하기 어려울 때 특히 유용한 생각 정리 연습입니다.

명상 방법은 간단합니다. 붐비고 번잡한 기차역의 모습을 상상해보세요. 기차역은 바삐 움직이는 사람들로 북적거리고 여러 기찻길 위로 수많은 기차가 오갑니다. 이 많은 자극 속에서 내가 가야 할 목적지에 집중하지 않으면 여러 방해 요소에 현혹되어 내가 가고 싶은 곳으로 가지 못할 수도 있습니다. 눈앞에 기차가 있다고 목적지도 확인하지 않고 무작정 탑승하면 안 되겠죠. 복잡한 기차역에서 다른 자극들에 집착하지 않고 내가 원하는 기차에 올라타는 모습을 떠올려봅시다. 다음 글을 읽으며 한번 상상해보세요.

눈을 감고 기차역을 떠올려보세요. 나는 지금 기차역에 들어왔고, 목적지에 가기 위해 승강장으로 내려가고 있습니다. 기차역은 시끄럽고 바쁘게 움직이는 사람들로 가득합니다. 하지만 내 집중을 흩트리는 소음이나 자극에 흔들리지 않고 내 목적지로 향해야 한다는 걸 기억해봅니다.

내려오니 눈앞에 승강장이 여러 곳 보입니다. 그때 멀리서 1호 기차가 역으로 들어오더니 바로 내 앞에 정지합니다. 하지만 그 기차는 내 목적지로 가지 않습니다. 기차를 타고 싶은 충동이 느껴지지만 차분히 내 기차를 기다리기로 하고 그 차는 떠나보냅니다. 잠시 후 1호 기차가 멀어지는 모습을 지켜봅니다. 그 다음 오는 2호 기차도, 3호 기차도 내 목적지로 가지 않는다면 내게서 멀어지게 내버려 둡니다. 이윽고 내가 기다리던 기차가 도착하면 신중하게 그 기차에 올라타고, 목적지에 도착할 때까지 그 기차에서 내리지 않기로 다짐합니다. 떠나보낸 다른 기차들 생각은 하지 않습니다.

이 명상을 끝냈다면, 다음 내용을 한번 생각해보세요. 기차역은 내 복잡한 마음 상태를, 기차는 내가 하던 각각의 생각이나 걱정을 나타냅니다. 커다란 기차역 안에 많은 기차, 사람들과 소음이 모두 담겨 있던 것처럼 마음도 내 외부와 내부에 대한 갖가지 생각을 한데 담아둘 수 있습니다. 그러나 내 목적지로 가는 기차에만 올라타야 하는 것처럼, 생각들이 강렬하게 떠오른다고 해도 내가 집중하고 싶은 생각이 아니라면 머릿속에서 떠나보내야 합니다. 휴식을 취하기로 마음 먹었다면 휴식이 내 목적지가 되어야 하고, 이를 방해하는 생각에는 거리를 두어야 하겠죠.

이 명상 기법은 머릿속에 있는 여러 가지 '할 일' 혹은 걱정거리를 기차에 하나씩 실어 보내는 것을 상상해보면서 불필요한 생각과 나를 옭아매는 것으로부터 자유로워질 수 있게 도와줍니다. 우리가 방금 1호 기차에 불필요한 생각 하나를 실어 보내고, 2호 기차에 다른 생각을 실어 떠나보낸 것처럼 말입니다.

마인드셋 기르기 ③
: 일할 때는 효율적으로

✧

여기까지 '쉼'이 중요하다고 설명했지만, 일을 열심히 하는 것도 삶에서 매우 중요합니다. 사회의 일원으로서 열성을 다하는 활동이나 아이를 바르게 키우기 위한 노력 등, 일은 내가 삶에서 중요하다고 여기는 가치에서 나옵니다. 그리고 내가 맡은 일을 잘해내고 그 일이 내 삶을 보람차게 만드는 근원이 될 때 우리는 만족과 안정감을 느낍니다. 그러므로 온 마음을 다해 내가 맡은 일을 잘해내는 시간과 그 사이사이에 잘 쉬는 시간 사이에 균형을 잘 맞춰야 합니다.

앞서 2장에서 과도한 책임감 때문에 통제할 수 있는 한계를 넘으면 혼란한 상태에 빠질 수 있다고 설명했습니다. 마찬가지로 내 삶에서 일에 너무 많은 지분을 내어주면 내가 감당할 수 있는 한계를 넘게 되고, 마음건강에 해를 입을 위험이 있습니다. 따라서 어떻게 일과 쉼 사이에 바운더리를 정하고 잘 지켜낼 것인지 고민해보아야 합니다. 그럼 어떻게 일과 쉼을 구분하는 바운더리를 구축할 수 있을까요?

미국 속담에 "힘들게 일하지 말고 똑똑하게 일해라Work smarter, not harder"라는 말이 있습니다. 무작정 달리기만 하지 말고, 업무 시간은 줄이되 일의 효율과 가치는 최대한 높일 수 있는 방법을 찾으라는 뜻이죠. 이 말에 일과 쉼의 바운더리를 긋는 핵심이 있습니다.

바운더리

생각을 조금만 바꿔도 더 효율적으로 일할 수 있습니다. 실제로 인지심리학·신경과학·임상심리학 등 다양한 연구 분야에서도 인지기능을 최대한으로 끌어올려 일의 효율성을 높이는 방법을 찾는 연구가 끊임없이 이루어지고 있습니다.

만약 할 일이 너무 넘쳐서 버겁게 느껴진다면, 내가 일하는 시간을 효율적으로 활용하고 있는지 다음 목록을 점검하며 확인해보세요. 그중에는 당연하게 보이지만 막상 실천하지 못하는 항목도 있을 수 있습니다. 그 항목을 왜 머리로는 알면서 행동으로 옮기기가 어려운 것인지, 업무를 방해하는 요소가 무엇인지도 고민해보세요. 꼭 경제 활동을 위한 업무가 아니라 집안일·육아·공부 등 광범위한 종류의 '일'에도 적용할 수 있습니다(혹시 일에 집중하거나 일정관리가 일상에 지장을 줄 만큼 어렵다면, 주의력결핍장애나 그와 비슷한 증상이 나타나는 질환일 가능성이 있으니 신경정신과나 심리상담가와의 도움을 받기를 권장합니다).

일의 효율성을 높이기 위한 방법
1 과하게 계획을 세우지 않고 하루에 중요한 일 세 가지(최대 다섯 가지)에 집중한 후, 여유가 있으면 다른 일로 옮겨가기. 업무 부담을 줄이고 집중력을 올려 업무효율성을 높일 수 있다.
2 일정을 플래너나 휴대전화의 캘린더 애플리케이션으로 관리하기. 일정을 정리하고 상기하며 일의 완성도를 높인다.

3 내 몸의 에너지·생체 리듬에 맞춰서 일하기(예: 이른 오전 시간에 더 활기 찬 '아침형' 사람은 오전에 더 중요한 일에 집중하고, 감성이 풍부한 저녁 시간에는 글이나 일기를 쓰며 하루를 마무리하기). 업무와 생활의 균형을 맞추어 업무가 오랜 기간 지속되어도 지치지 않을 수 있다.

4 90~120분 간격으로 업무에 집중하고 잠시 휴식을 취한 다음 다시 업무 시작하기. 집중이 안 되어 흘려보내는 시간을 줄이고 창의력을 높인다.

5 충분한 수면과 건강한 식습관으로 에너지를 비축하기. 업무 처리에 중요한 인지 기능(전두엽 기능과 주의집중력, 기억력)을 향상한다.

6 혼자 무리하며 업무를 책임지지 않고 주변 인적·사회적 자원을 활용해 부담을 낮추기. 과도한 업무량을 줄이고 협업을 강화한다.

7 여러 가지 일을 한꺼번에 하는 '멀티태스킹'은 피하고 한 번에 한 가지 일에 집중하기. 집중력과 업무 효율성을 높이고 뇌를 더 건강하게 만든다.

8 대화나 이메일은 간결하게, 정해진 시간 내에 해결하기. 업무 중 들어오는 방해 요소를 줄여 집중도를 높이고 작은 업무가 누락되는 상황을 예방한다.

앞 사례에 등장한 호준 씨의 경우, 이 목록을 읽어 내려가면서 자신이 업무에 쓰려고 계획한 시간 중 많은 부분이 허투루 쓰이고 있다는 것을 알게 되었고, 업무 시간을 더 효율적으로 쓰면 휴식에 활용할 시간을 찾을 수 있겠다고 생각했습니다. 호준 씨는 자신이 오전 시간을 업무에 집중하지 못한 채 중간중간 뉴스를 보거나 사람들과 잡담을 하면서 허비한다는 것을 알았습니다. 그래서 하루 중 가장 상태가 좋은 시간인 오전 열 시~오후 열두 시에 그날 우선 순위가 높은 일들을 처리한 뒤 점심 시간을 최대한 활용해 휴식을 취하고, 오후에는 남은 업무들을 처리하거나 미팅에 나가는 등 통제할 수 있는 일정을 최대한 자신의 생활 리듬에 맞게 정리해보기로 했습니다. 또한 일곱 시간 동안 충분한 수면을 취해 낮 시간에 쓰일 인지 능력과 집중력을 최대한 높이기로 다짐했습니다.

바쁜 일상에 숨 쉴 틈을 불어넣는 연습

◇◇

몰아서 취하는 휴식보다 일상생활에서 자주 취하는 휴식이 효율적이며, 충전 효과도 훨씬 더 높다고 앞서 설명했습니다. 그러니 휴식을 제때 일과에 넣을 방법을 계획하고 실행하는 것이 중요합니다. 앞서 일과 휴식을 구분하는 마음가짐을 연습했으니, 이제 구체적으로 휴식을 취하고 일과 거리를 둘 방법을 계획해봅시다.

일과 휴식의 관계 점검 체크리스트

◇

다음은 건강한 업무 생활을 만들기 위해 정신건강의학과 심리학에서 권장하는, 습관을 정리하는 목록입니다. 항목을 찬찬히 살펴본 후 일상에 적용해 볼 수 있는 습관을 업무와 휴식 계획에 포함하

바운더리

고, 일상에서 일과 쉼의 바운더리를 구축하는 데 활용해보세요. 호준 씨가 세운 계획을 예시로 들어보겠습니다.

일과 쉼을 구분하는 바운더리의 예	내 삶에 적용할 수 있을까?	예
휴대전화나 인터넷과 거리를 두는 '오프라인 시간' 확보하기	○	- 사람들을 만날 때는 휴대전화를 옆에 두지 않는다. - 자기 한 시간 전에는 스마트폰 알람을 꺼두고 다른 일에 온전히 집중한다.
일하는 공간과 쉬는 공간 구분하기	○	- 회사 사무실로 출근하는 날에는 회사에서 일을 다 끝내고 퇴근한다. - 일주일에 한 번 재택근무를 하는 날에는 책상 외 다른 공간에서는 일을 하지 않는다.
하루에 집중해서 할 일 세 개 (최대 다섯 개) 정하고 그 이상은 욕심내지 않기	○	- 프로젝트 마감·미팅 등 급한 일 위주로 일정을 짠다. - 업무가 많아지면 팀원들과 상의해서 조정한다.
하기 어려운 일은 거절하는 데 익숙해지기	○	- 모든 일에 책임을 질 수 없다는 것을 2장을 통해 더 연습한다.

하루 업무를 마무리하는 의식 만들기	○	- 컴퓨터 전원을 끄면서 "안녕! 내일 만나"라고 인사한다. - 쉬는 시간에 업무 생각이 나면 의식적으로 다른 곳에 집중을 돌린다.
퇴근(업무 마무리) 후 업무와 관련된 물건은 눈에 보이지 않게 치우기	○	- 회사 노트북은 책가방에 넣어두고 출근하면 다시 꺼낸다. - 업무 공간에는 집중을 방해할 될 만한 물건(휴대전화, 간식 등)을 두지 않는다.

휴식 시간 사수하기

✧

일할 시간이 부족하다는 이유로 휴식하는 데 죄책감을 갖는 것도 적절한 휴식을 취하는 데 큰 장애물이 됩니다. 그러니 휴식을 지켜 나가려면 먼저 내 마음을 들여다보고 휴식에 장애물이 되는 요소가 무엇인지, 어떻게 죄책감이 발생하는지 파악하는 연습이 필요합니다. 다음 내용을 활용해 내 휴식 패턴에 어떤 문제가 있었는지, 어떻게 그 문제를 해결하고 일과 휴식의 바운더리를 만들어 삶에 긍정적인 변화를 불어넣을지 계획해봅시다.

바운더리

1단계: 내게 필요한 휴식 살펴보기

지금까지 내게 휴식이 충분했나요? 지금까지의 휴식 방법에는 어떤 문제가 있었나요? 내 성향을 고려했을 때 질 좋은 충전과 쉼을 가져다줄 휴식으로는 무엇이 있을까요?

호준의 예: "나는 일에 시간을 과하게 많이 투자했고 스스로에게 쉴 시간을 허락하지 않았다. 내게 너무 많은 업무와 책임감을 부여하다 보니 내게 무엇이 필요한지도 몰랐고 항상 수면 부족과 만성피로에 시달렸다. 내게는 몸을 충분히 쉬는 수면 시간, 일상 속에서 즐거움을 느끼고 활력을 충전하기 위해 취미 활동을 할 수 있는 시간적 여유가 필요하다."

2단계: 휴식을 방해하는 내적 갈등 해결하기

내가 충분한 휴식을 취하는 데 방해가 되는 고정관념은 무엇인가요? 휴식을 취하려 할 때 어떤 감정이나 생각이 먼저 떠오르나요? 쉬면 안 된다는 생각에 어떻게 대응할 수 있을까요?

호준의 예: "사실 아직도 매일 일정한 휴식 시간을 갖는다는 것이 어색하게 느껴진다. 하지만 예전처럼 쉰다고 죄책감이 들지는 않는다. '지금 쉬면 뒤처질 거야'라는 왜곡된 생각이 들 때마다 나는 휴식의 중요성을 스스로에게 되새겨주고 충분히 쉬겠다는 스스로와의 약속을 지켜나갈 생각이다."

3단계: 휴식을 방해하는 외적 요소 타파하기

내가 충분한 휴식을 취하는 데 장애물이 되는 환경적·사회적 압박이 있나요? 내가 휴식을 취하려 할 때 그런 외적 요소가 나를 어떻게 방해하나요? 어떻게 그런 요소를 줄이거나 좀 더 효과적으로 문제에 대응할 수 있을까요?

호준의 예: "아직도 나는 정시 퇴근을 하려고 일어날 때 나보다 더 늦게까지 회사에 남아 있는 팀원들의 눈치가 보인다(물론 내가 필요 이상으로 눈치를 보는 것일 수도 있다). 하지만 나는 내가 일하는 시간의 총량이 아니라 효율적으로 일을 처리하는 것으로 내 책임감과 열정을 증명할 수 있다. 그러니 일하는 시간에는 일에만 집중해 내 역할에 충실할 것이다. 누군가가 내가 휴식을 취하는데 불만을 제기한다면 내 결정에 중심을 두고 의견을 충분히 설명하면 된다."

4단계: 휴식을 실행에 옮기기

1~3단계를 모두 끝냈다면 이제 스스로에게 휴식을 줄 방법을 계획할 시간입니다. 하루에 몇 시간을 '반드시' 업무·가사·육아 등에 할애해야 하나요? 몇 시간 정도 휴식을 취할 수 있나요? 내 일과를 살펴보고 달력과 플래너를 이용해 실질적인 휴식 계획을 세워 실천해보세요. 친구와 약속하듯이 스스로와 약속하는 시간을 갖고 휴식을 취하기로 다짐해보세요.

호준의 예: "평일에는 오전 아홉 시에서 저녁 여섯 시까지 근무하고, 두세 시간 간격으로 짧게라도 쉬는 시간을 보낼 것이다. 퇴근 후에는 저녁 열한 시에 잠에 들기 전까지 세 시간 정도 휴식을 취하거나 즐거운 활동을 하며 시간을 보낼 수 있다."

5단계: 일과 휴식의 바운더리 검토 및 재정비하기

살다 보면 예상치 못한 변수를 만나기 마련입니다. 휴식을 위해 계획을 세웠는데 마음처럼 실행하기가 어렵다면 다시 한번 위 단계로 돌아가 휴식의 자세를 연습해보며 문제점을 해결해보세요. 2장(과도한 책임감과의 바운더리)에 나오는 내용을 연습하는 것도 마음의 여유를 허락하고 외부 압박에서 자유로워지는 데 유용하니 참고하면 좋습니다.

바운더리 실천하기 ③
: 달리는 뇌를 잠재우는 이완 요법

◇

자려고 누웠는데 생각이 끊이지 않거나 몸이 긴장 상태에서 벗어
나지 못해 쉽게 잠들지 못한다는 분들이 많습니다. 저는 그런 분들
께 몸의 스위치를 켜고 끄듯 '바쁨 모드'와 '휴식 모드'로 전환하는
바운더리를 두라고 조언합니다. 여기에 유용한 방법으로는 점진적
근육 이완 요법progressive muscle relaxation technique이 있습니다. 이 이완 요
법은 몸의 여러 부위에 있는 근육을 점차적으로 수축했다 이완하
는 동작을 반복하며 몸의 긴장을 푸는 데 효과적입니다. 이 요법은
마음이 긴장하면 몸도 긴장한다는 원리를 적용해, 이와 반대 순서
로 몸의 긴장을 풀어주면서 뇌에 '걱정 마, 안전해'라는 신호를 준
다는 뇌과학적 접근에 기반을 두고 있습니다. 불면증이나 우울 증
상, 불안을 완화하는 데 효과적인 방법이기도 합니다.

점진적 근육 이완 요법 연습

편안한 자세로 앉거나 누우세요. 크게 호흡을 들이마시고 내쉬면서 이완
을 시작합니다. 각 부위의 근육을 5초간 강하게 수축한 뒤, 근육에 긴장
을 풀고 10초간 이완된 상태에 머무는 과정을 교대로 반복하면서 긴장했
을 때와 편안한 상태의 차이를 느껴봅니다. 통증이 느껴질 때에는 즉시 중
단하고 다음 부위로 넘어가면 됩니다. 다음 내용을 살펴보고, 더 종합적

인 연습을 원하신다면 QR 코드로 오디오파일을 다운받아 연습에 활용해 보세요.

1. **발**: 발가락에 힘을 주어 들어올리고 5초간 그 상태를 유지한 뒤 다시 천천히 긴장을 풉니다. 이후 발가락과 발등에 올라왔던 긴장을 풀고 편안함을 느끼며 10초간 그 상태에 머뭅니다. 이번에는 발가락에 힘을 주어 밑으로 굽히고 5초를 센 다음, 다시 힘을 뺀 상태로 돌아와 10초간 이완된 상태의 편안함을 느껴봅니다.

2. **무릎과 허벅지**: 무릎을 서로 맞닿게 조인 상태를 5초 유지하면서 무릎과 허벅지가 단단해짐을 느낀 후, 긴장을 풀며 10초간 이완된 상태의 편안함을 느껴봅니다.

3. **손**: 두 손으로 주먹을 꽉 쥐고 긴장 상태를 5초간 유지한 후, 손을 펴 10초간 손의 편안함을 느껴봅니다.

4. **팔**: 아령을 들 때처럼 팔을 접어서 팔 근육의 긴장감을 5초간 유지한 후, 팔을 펴고 10초간 편안함을 느껴봅니다.

5. **배**: 배에 힘을 주어 복근의 긴장감을 5초간 유지한 후, 긴장을 풀며 10초간 편안함을 느낍니다.

6. **어깨**: 어깨를 귀에 맞닿을 듯 올려들어 긴장감을 줍니다. 그 상태를 5초간 유지한 후, 긴장을 풀고 10초간 편안함을 느낍니다.

7. **얼굴**: 입을 크게 '아아' 하고 벌려 얼굴 근육이 팽창하는 것을 느낍니다. 그 상태를 5초간 유지한 후, 긴장을 풀고 10초간 편안함을 느낍니다.

일과 쉼을 구분하는 바운더리 연습 자료를 QR 코드로 다운받아 활용해보세요.

◇

4장

자꾸만 격해지는 감정에 사로잡힐 때

불편한 감정과 거리를 두는 바운더리

내 마음속에 덮쳐오는 시커먼 먹구름

∞∞

대학생인 재훈은 오늘도 하루를 허투루 보냈다는 생각을 떨칠 수가 없다. 낮에 친구와 밥을 먹다가 들은 이야기가 내내 신경 쓰였다. 친구가 여름방학 동안에 일할 수 있는 좋은 인턴 자리를 얻었다며 자랑했는데, 그 이야기를 듣고 친구에게 좋은 마음으로 축하해주기가 어려웠고 식사하는 내내 친구의 이야기에 집중할 수 없었다.

재훈은 그 이야기가 왜 그렇게 기분이 나빴는지 잘 알지 못했다. 친구는 자신과 달리 부유한 가정에서 자란 덕에 인맥으로 많은 일들을 해결하기 편하겠다는 생각이 들었던 것일까? 문득 괘씸한 마음이 들었지만, 잠시 후 친한 친구인데 질투심을 느끼는 것 같아 스스로가 옹졸하고 의리 없이 느껴졌다. 이 감정이 화인지 자책인지 설명할 수 없는 기분이 들었다. 동시에 '흙수저'인 자신이 상대적으로 작고 불쌍한 존재로 느껴져 마음이 가라앉았다.

다음 날 중요한 시험이 있었지만 점심 때 일로 기분이 좋지 않아 공부에 집중할 수 없었고, 결국은 오후 내내 괜히 게임을 하고 휴대전화 화면을 들여다보며 시간을 쓰게 되었다. 그러다 밤늦은 시각에 겨우 공부를 시작해 새벽이 되어 잠이 들었다.

날이 밝은 후 무거운 몸을 이끌고 서둘러 집을 나서다, 어제의 일이 문득 떠올랐다. 재훈은 자신이 실패자인 것 같아 한심하게 느껴졌다. 왜 자꾸 정체를 알 수 없는 감정에 휘둘려서 방황하는지, 더 열심히 해도 모자랄 판에 이렇게 시간만 낭비하고 있는지, 자신을 옭아매는 자괴감에서 벗어날 수 있을지 등 떠오르는 여러 생각을 곱씹었고 불안은 점점 더 커져만 갔다.

재훈 씨가 느끼는 우울감, 화, 불안함과 같은 감정은 누구나 평생 느끼며 살아온 익숙한 감정입니다. 태어날 때부터 내 마음 한구석에 자리 잡아 일생을 함께했던 감정이죠. 하지만 이런 감정은 때론 시커먼 먹구름처럼 몰려와 나를 통째로 집어삼킬 것처럼 무섭게 다가오기도 합니다. 어른이 되어도 이런 감정에 익숙해지기는커녕, 오히려 예전보다 감정을 다루기 어렵다고 느껴지는 때도 많습니다. 슬픔 때문에 마음이 쇠약해지고, 화 때문에 위험한 사람이 될 것만 같다는 생각에 감정 자체를 두려워하게 되는 경우도 흔히 볼 수 있습니다.

상담실에 처음 방문한 내담자께 "어떤 일로 찾아오셨나요?"라고 질문하면, 많은 분들이 본인이 겪는 우울감·화·걱정·불안과 같은 불편한 감정을 없애고 싶다고 대답합니다. 그렇지만 이는 심리치료의 목적과 맞지 않는 요청일 뿐더러, 마음의 문제를 해결하는 좋은 방법도 아닙니다. 감정은 생존을 위한 여러 중요한 기능을 담당하는, 살아가는 데 꼭 필요한 요소이기 때문입니다. 그렇기 때문에 불편한 감정을 무조건 없애려고 하기보다 그런 감정이 내게 중요하다는 걸 이해하고 감정이 너무 격해져 내 마음에 해가 되지 않도록 조절하는 능력을 키워야합니다. 먼저 왜 우리 뇌가 감정을 만들어내는지 알아보고, 불편한 감정의 역할과 그 이유를 이해하는 것부터 시작해보겠습니다.

불편한 감정은 왜 존재할까

◇

감정이 존재하는 이유는 크게 두 가지로 나누어볼 수 있습니다. 첫째, **나 자신과 내 삶에 중요한 것을 보호하기 위해서**입니다. 길을 건너려는데 멀리서 차 한 대가 내 쪽으로 돌진한다고 생각해봅시다. 그 상황에서 내가 어떤 각도로 얼마나 정확히 피해야 하는지, 내 주변에 무엇이 있고 어느 쪽으로 가면 안전할지 등을 모두 인식하고 계산한다면 그 사이 차에 치여 큰 부상을 입을지도 모릅니다. 이처럼 위험한 상황에서는 감정이 인식보다 더 빨리 작동해, 생존에 필요할 에너지를 보존하거나 생산하는 데 적절한 신체적 반응이 일어나도록 합니다. 앞에서 든 예시의 경우 돌진해 오는 차가 보이는 순간 두려움이라는 감정이 만들어지고, 두려움을 느낀 뇌는 재빨리 피하라는 신호를 몸에 전달합니다. 이 신체적 변화를 투쟁 혹은 도피flight or flight 반응이라고 하며, 이는 위험한 요소를 마주쳤을 때 싸우거나 도피하는 작용을 담당하는 교감신경계의 반사작용입니다. 흔히 위협을 마주쳤을 때 느끼는 신체적 반응(심박수 증가, 과호흡, 동공 확장, 가슴에 느껴지는 압박감)은 사실 뇌가 몸으로 산소와 에너지를 빠른 시간 내에 공급해 우리에게 필요한 행동을 취하게 하다 생기는, 정상적인 신체생리학적 현상입니다. 뇌가 우리를 보호하는 체계의 일부인 셈이죠.

감정이 존재하는 두 번째 이유는 **타인과 교류하고 공동체에서 생활하기 위해서**입니다. 독립적인 개체로 살아가기보다 공동체와 함께 생활하는 쪽이 생존할 가능성이 높기에, 인류는 혼자서 살아가는 대신 타인과 소통하며 친사회적인 기술을 기르는 방향으로 진화했습니다. 그리고 타인과 함께 살아가기 위해 필수적인 능력이 바로 공감입니다. 타인과 같은 감정을 느끼고 그가 처한 어려운 상황에 동정하는 것만큼 친밀감과 유대를 높이는 방법은 없기 때문이죠. 이처럼 인간은 자신이 가진 감정과 생각을 언어로 표현해 타인에게 전달하고, 이런 공감과 연대가 모여 커다란 사회망을 만들었습니다.

현대사회에서도 감정은 누구에게나 있는 인류의 공통점이자, 제각기 모습과 처지가 다른 사람들을 이어주는 강력한 연결 고리입니다. 지구 반대편에서 자연재해가 일어났다는 소식을 듣고 안타까워하고, 얼굴도 모르는 피해자들에게 기꺼이 돈을 기부하기도 하고, 참사가 일어나 고통에 빠져도 서로를 위로하며 다시 희망을 얻기도 하듯이 말이죠. 어떻게 보면 감정은 우리를 가장 인간답게 하는 중요한 요소라고 할 수 있습니다.

이처럼 감정은 우리가 살아가는 데 꼭 필요한 요소임에도 우리가 감정을 다루기 어렵다고 느낍니다. 그 이유는 많은 이들이 감정을 예측하거나 통제하기 어려운 대상으로 여기기 때문입니다. 하지만 감정이 보내는 신호와 그 의미를 들여다보고 감정에 조금씩 익숙해지면 감정을 좀 더 수월하게 예측할 수 있고, 나를 통째로 집어삼킬 것 같던 불편한 감정도 낯익은 친구처럼 인식하고 좀 더 능숙하게 대처할 수 있습니다. 다음 표를 통해 많은 이들이 '힘들다'고 여기는 감정 몇 가지에 초점을 두고 왜 그 감정이 여태까지 나쁘다고 오해했는지, 그 감정들이 존재하는 이유는 무엇일지 한번 살펴보겠습니다.

감정	의미	예
슬픔 우울	**신호** - '소중한 것을 잃었다.' - '원하는 삶과 가치관에서 멀어지고 있다.' **역할** - 주변 환경에서 잠시 벗어나 자신의 상태를 돌아본다. - 삶의 가치와 의미를 되돌아본다. - 사회관계망을 정리하고 중요한 관계를 강화하는 계기를 마련한다.	- 우울감을 느껴 사교적 활동을 중단하고 혼자 재충전의 시간을 갖는다. - 사별이나 불합격처럼 마음을 힘들게 하는 일을 겪은 후, 주변 사람들에게 위로의 말을 듣고 도움을 받는다. - 큰 좌절을 느끼고 난 후, 삶의 의미와 가치를 되돌아보고 그에 기반해 삶의 다음 단계를 설계한다.
화	**신호** - '부당한 대접을 받았다.' - '소중한 것을 잃을 위기다.' - '인간으로서의 존엄성에 해를 입었다.' **역할** - 나와 내게 중요한 것을 보호하기 위해 맞서 싸운다.	- 직장에서 부당한 처사를 당했을 때 내 업적과 존엄성을 위해 항의한다. - 반복적으로 약속을 어기는 친구에게 불만을 표시해 시간 낭비를 줄인다.
불안	**신호** - '소중한 것을 잃을 위기다.' - '내 생존을 위협하는 요소가 있다.'	- 직장 동료들 앞에서 발표하다 실수하면 내 평판에 금이 갈까 봐 걱정되어 발표를 성실히 준비한다.

			첫아이 출산을 앞두고 손실을 최소화하기 위해 투자 결정을 신중히 한다.
	역할 - 더 조심스럽게 결정해 위험을 최소화한다. - 내 삶에서 중요한 것을 돌아보고 그것을 지키고 싶은 마음을 확인한다.		
역겨움 혐오감	신호 - '건강이나 안전에 문제가 될 수 있다.' - '내가 소중하게 여기는 것을 해친다.' 역할 - 위험한 요소를 피한다. - 내 가치에 부합하는 요소를 구분하고 부합하지 않는 것으로부터 나를 방어한다.		- 길거리에 누군가 구토한 흔적이 보여서 그 자리를 피해서 돌아간다. - 내 가치관에 부합하지 않는 정책을 내놓는 정치인을 비난한다.

어떤 분들은 이 표의 내용을 읽으며 픽사 애니메이션 〈인사이드 아웃〉에 나오는 다양한 '감정'들을 떠올리셨을 겁니다. 영화에서 각 감정을 담당하는 귀여운 캐릭터들이 라일리라는 여자아이의 머릿속에서 상황에 맞게 행동과 말을 조정하는 모습이 우리에게 웃음과 감동을 안겨주었죠. 영화에서와 같이 우리 머릿속에서도 감정이 각자 맡은 역할을 최선을 다해 수행하고 있습니다. 불편한 감

정이 느껴지면, 내 감정의 캐릭터들이 마음을 움직이고 있다고 상상하는 것도 불편한 감정과 친해지는 좋은 방법입니다. 이렇게 여기면 낯설게 느껴지던 불편한 감정도 조금 더 가벼운 태도로 마주할 수 있고, 나를 지키기 위해 부지런히 작동하는 감정들에게 고마운 마음이 생기기도 할 것입니다.

앞서 이야기한 내용을 종합해보면 감정은 위협이 도사리는 세상을 살아가고, 중요하게 여기는 가치를 지키고, 다른 사람들과 조화를 이루며 인간답게 살아나갈 수 있게 하는 존재입니다. 이 중요한 감정들을 느껴서는 안 된다며 억지로 밀어낸다면 뇌가 울리는 위험 신호를 놓치게 되고, 가장 자연스럽고 인간다운 모습을 부정하며 스스로를 더 괴롭히게 됩니다. 그러므로 감정을 이해하고 잘 다루는 방법을 알아가는 것이야말로 감정으로부터 자유로워지는 길입니다.

불편한 감정을 내 편으로 만드는 감정의 과학

✧

감정을 다루는 더 구체적인 방법을 논하기에 앞서 감정의 성질을 정리해보겠습니다. 감정이 작동하는 기제와 그 특징을 이해하면 감정을 예측하고 다루기가 더 쉬워집니다. 감정의 성질은 다음과 같이 네 가지로 분류할 수 있습니다.

1. 감정은 자연스러운 현상입니다

많은 이들이 불편한 감정을 느끼고 싶지 않다고 이야기하지만, 사실 불편한 감정을 없앤다는 건 불가능합니다. 내 마음대로 심장이 뛰는 것을 통제하거나 호흡을 오랫동안 억지로 참을 수 없듯, 몸이 생명을 유지하려고 하는 일은 우리의 의지대로 제한할 수 없습니다. 더 흥미로운 사실은, 감정은 통제하려 하면 마음속에 더 깊게 자리 잡아 정신적인 고통뿐만 아니라 신체적인 불편감까지 커지게 한다는 겁니다. 한국에서 정신 질환으로 분류되는 '화병'이 그 예입니다. 화를 제대로 들여다보고 적절한 시기에 해소하지 않으면 우울감·불안·불면증과 같은 증상이 지속되어 정신건강에 해를 입고, 마음의 고통이 심한 두통·근육통·복통과 같은 몸의 통증으로 이어지기도 합니다.

감정은 어떠한 경로로든 분출됩니다. 콜라병을 마구 흔든 다음 뚜껑을 열면 '펑' 소리와 함께 콜라가 터져나와 병 주둥이를 넘어 마구 흘러나오게 되죠. 병 안에 쌓인 이산화탄소가 좁은 병 주둥이를 통해 한꺼번에 터져나오는 것처럼, 감정도 흔들릴 때 잘 살피지 않고 내 안에 꾹꾹 쌓아만 두면 몸 한구석이든 마음의 병이든 내 안의 어딘가에서 후폭풍이 일어나게 됩니다.

그렇기 때문에 힘든 감정을 수월하게 다루고 싶다면, 모든 감정이 우리가 생존하도록 작동하는 몸의 자연스러운 반응이라고 받아들이는 '노멀라이징normalizing(정상화)'을 거쳐야 합니다. "왜 이런 마음이 들지?", "내 마음도 조절하지 못하다니 한심하다"라는 식으로 감정을 밀쳐내는 대신 "이런 마음이 들 수도 있지", "지금 같은 상황에서 그렇게 느끼는 게 당연하지"라고 스스로의 감정을 온전히 인정하는 연습은 부정적인 감정에 대한 선입견을 버리고 마음을 정확히 이해하는 중요한 첫걸음입니다. 수치심·열등감·분노·자괴감과 같은 부끄럽고 낯선 감정이라도 내가 먼저 감정을 자연스러운 현상으로 받아들이면 감정은 당연하고 정상적인 존재가 되고, 내 일부로서 수용하기도 훨씬 쉬워집니다.

2. 감정은 오래가지 않아 사라집니다

감정이 강렬할 때는 그 감정이 영원히 끝나지 않을 것 같다는 두려움을 느낄 수 있습니다. 외로움을 느낄 때에는 평생 혼자일 것만 같고, 동반한 공황 상태일 때에는 고통이 영원히 나를 괴롭힐 것 같은 두려움을 느낍니다. 그러나 흥미롭게도 화·공포·역겨움처럼 생존과 가장 밀접한 관련이 있는 일차적인 감정이 일으키는 신체 감각이 지속되는 시간은 사실 몇 분밖에 되지 않으며, 그나마도 그 짧은 시간이 지나면 다시 이전의 담담한 상태로 되돌아갑니다. 앞서 설명했듯 감정이 강렬해지면 교감신경계가 작동되어 '투쟁 혹은 도피' 반응과 같은 급격한 신체 변화가 일어나, 몸이 위험에 바로 대응할 수 있는 상태가 됩니다. 하지만 몸은 이렇게 격정적인 상태를 장시간 유지하지는 못합니다(몸이 매 순간 비상 대비에 들어간다면 얼마나 많은 에너지가 소모될지 상상해보세요). 그래서 강렬한 감정이 짧은 시간 안에 위험 신호를 강력하게 전달하고 나면, 몸은 불균형 상태를 완화시키기 위해 빠르게 부교감신경계를 활성화시켜 몸과 마음, 뇌가 안정적인 상태로 돌아오게 합니다.

뇌과학자인 질 볼트 테일러Jill Bolte Talyor는 신체가 강렬한 감정을 일으키는 생화학적인 반응이 약 90초간 지속된다는 연구를 발표하며, 이 현상을 '90초 법칙'이라 명명했습니다. 이어 테일러는 이 시간이 지난 후 느끼는 감정은 "그 감정에 머무르기를 선택하는지"에 따라 달라진다고 설명했습니다. 앞서 이야기한 사례에서 재훈 씨가 친구와의 만남 도중 불쾌감을 느낀 건 그 순간의 감정이었지만, 그런 불편한 감정을 하루 종일 느낀 건 재훈 씨가 감정을 효율적으로 조절하지 않고 (의도치 않았더라도) 그 감정에 머무르기를 택한 셈이라고 볼 수 있죠. 물론 개인과 상황에 따라 감정의 강도와 지속 시간에 차이가 있을 수 있고, 이 주제는 자세한 연구가 더 필요한 주제이기도 합니다. 하지만 90초 법칙은 감정에는 일시적으로 지속되는 성질이 있다는 점, 다시 말해 감정이 영원하지 않다는 점을 시사합니다. 이런 감정의 일시적인 성질은 우리에게 힘든 감정으로 인한 고통이 결국은 끝날 것이라는 약속이 되어줍니다. 바다에 밀물이 있으면 썰물도 있듯이, 좋은 감정도 나쁜 감정도 영원히 지속되지는 않습니다.

3. 감정은 피할수록 더 강렬해집니다

누구에게나 불안이나 우울을 불러일으키는 대상이 있기 마련입니다. 이런 심리적 자극을 일으키는 요소를 심리학에서는 트리거trigger라고 칭합니다. 트리거는 직역하면 '방아쇠'로, 방아쇠를 당기면 권총이 발포되듯 특정 요소가 감정 자극을 촉발한다는 데서 붙은 이름입니다. 트리거가 나타나면 불편한 감정이 급격하게 강해지지만, 그 대상으로부터 회피하면 감정의 강도가 바로 낮아집니다. 거미를 보면 공포를 느끼는 사람이 거미를 피해 도망가면 안도감을 느끼는 것과 마찬가지입니다. 하지만 트리거를 회피했을 때 우리가 느끼는 성취감은 신기루와 같은 '가짜'입니다. 회피는 그 순간을 모면함으로써 일시적인 안정감을 주지만 트리거에 대한 두려움 자체를 해결하지는 못하기 때문입니다. 우리가 불편한 감정으로

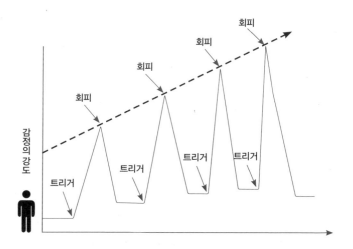

바운더리

부터 회피하면 뇌가 '휴, 피해서 살았다'라고 여기고 '만약 피하지 못했다면 정말 큰일 났을 거야'라는 메시지를 학습한다고 생각하면 이해하기 쉽습니다. 즉, 트리거를 회피할 때마다 무의식적으로 '회피=생존, 노출=재앙'이라는 공식을 익히는 것이죠. 따라서 불편한 감정을 회피하는 기간이 길어질수록 트리거를 만났을 때 더욱 두려움을 느끼고, 불편한 감정에 강하게 얽매이게 됩니다.

그럼 앞 내용과 반대로, 감정을 회피하지 않고 용기를 내어 들여다본다면 뇌에 어떤 정보가 입력될까요? 불편한 감정을 마주하면 불편한 감정이 일시적으로 더 강해집니다. 하지만 감정은 영원히 지속되는 것이 아니기에 어느 순간이 되면 감정의 강도가 떨어지게 됩니다. 천천히, 그러나 자연스럽게 그 상황에 적응하면서 감정이 정상적인 상태로 돌아가고 신체도 안정을 찾습니다. 그러면 뇌는 이렇게 여깁니다. '이것 봐! 불편한 상황을 마주했는데 걱정하던

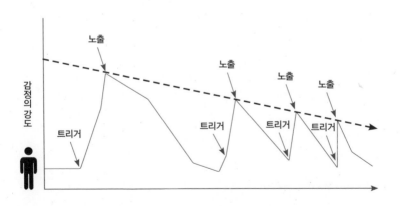

결과가 일어나지 않았어. 난 위기를 견뎌내고 살아남았어.' 이 경우 회피가 만들어낸 '노출=재앙'이라는 공식이 약해지고 그 대신 '노출=생존'이라는 공식이 새로이 구축됩니다.

이런 식으로 트리거와 그로 인한 격한 감정 상태에 자신을 지속적으로 노출시키면 트리거를 극복할 수 있다는 사실을 깨닫고, 나를 고통스럽게 하는 상황도 언젠가는 지나갈 거라고 예측하며 트리거를 마주할 자신감을 기를 수 있습니다. 이 과정을 반복하면 불편했던 감정이 더 이상 두려움의 대상이 아니게 됩니다. 우리의 뇌는 매 순간 새로 입력되는 정보를 토대로 생각과 믿음을 끊임없이 변화시키기 때문입니다.

이 내용을 종합해보면, 불편한 감정과 그런 감정을 촉발하는 대상을 피하지 않고 마주하려는 시도가 중요하다는 것을 알 수 있습니다. 불편한 감정을 피하고 덮어두면 감정에 대한 두려움이 커질 수밖에 없습니다. 하지만 조금이라도 용기를 내어 감정을 들여다보면 우리는 더 이상 두려움에 끌려다니지 않고 불편한 감정에서 자유로워질 수 있습니다.

4. 감정은 정확히 파악할수록 다루기 쉬워집니다

신경과학계에 "인간은 눈에 보이는 것을 인지하는 게 아니라 뇌가 만드는 이야기를 인지한다"라는 유명한 말이 있습니다. 이 말처럼 감정이란 외부에서 자극을 받아 일어난 신체 반응에 뇌가 과거의 경험에 의한 해석과 의미를 더해 만들어낸 현상입니다. 즉, 감정 상태와 그 감정의 출처를 더 정확히 이해하면, 어려운 상황에서도 자신을 통제하는 능력을 잃지 않고 문제 해결에 좀 더 능동적으로 대처할 수 있습니다.

하지만 감정을 이해하는 것은 간단하지만은 않습니다. 많은 분들이 감정을 정확히 이해하는 걸 어려워합니다. 다양한 상황에서 느껴지는 복합적인 감정을 단순하게 '좋다' 혹은 '나쁘다'로 이분법적으로 구분하거나, '화'나 '슬픔' 정도로 단순하게 인식하곤 합니다. 특히 그 감정이 불편할수록 감정을 들여다보거나 이해하려는 시도를 꺼리곤 하죠.

자신의 감정을 세심하게 알아차리는 능력을 높이려면 '감정 입자도 emotioinal granularity'를 높이는 것이 중요합니다. 감정 입자도란 미국 노스이스턴대학교 교수이자 뇌과학자인 리사 펠드먼 베럿 Lisa Feldman Barrett 이 처음 제시한 개념으로, 자신이 느끼는 막연한 감정을 세세하게 쪼개어 구체적으로 이해하고 그 감정이 생겨난 원인을 파악하는 과정을 일컫는 말입니다. 베럿은 감정 입자도가 높을수록, 즉 감정을 이해하려는 노력이 활발하게 이루어질수록 감정의 출처를 정확히 파악하고 그 상황에 가장 적합한 대처 방안을 떠올릴 수 있다고 설명합니다. 특히 언어는 감정을 인식하는 데 매우 중요한 도구이기 때문에 여러 가지 언어 표현으로 감정을 상세하게 설명하면 감정 입자도를 효과적으로 높일 수 있습니다.

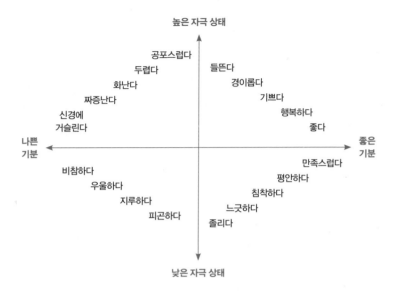

높은 자극 상태

공포스럽다
두렵다   들뜬다
화난다   경이롭다
짜증난다   기쁘다
신경에   행복하다
거슬린다   좋다

나쁜   좋은
기분   기분

만족스럽다
비참하다   평안하다
우울하다   침착하다
지루하다   느긋하다
피곤하다   졸리다

낮은 자극 상태

　　감정 입자도는 일상에서도 쉽게 응용할 수 있습니다. 저는 미국의 큰 지상파 채널 뉴스에서 수면의학에 관한 인터뷰 요청을 받았던 적이 있습니다. 인터뷰 당일, 준비를 모두 마쳤지만 기자의 연락을 앞두고 저는 강렬한 신체적 변화를 느꼈습니다. 심장이 쿵쿵 뛰고, 호흡이 빨라지고, 얼굴은 상기되었습니다. 저는 그 상태가 '중요한 인터뷰를 성공적으로 마무리하기 위해 몸이 에너지를 만들어내며 준비하는 들뜬 상태'라는 것을 알아차렸고, 그 사실을 스스로에게 되새겨준 덕에 오히려 즐거운 마음으로 인터뷰에 집중할 수 있었습니다. 그날 제가 마음이 불안해서 몸이 긴장했다고 단정지었다면 저는 그 상황에서 빨리 벗어날 방법만 궁리하느라 인터뷰에

바운더리

즐겁게 임하지 못했을 것입니다. 당시 저는 감정 입자도를 높인 덕에 마음 상태를 차분히 통제하고 제가 원하는 모습을 잘 이끌어낼 수 있었던 거죠.

이처럼 내 감정 상태와 출처를 더 면밀하게 이해한다면 내 앞에 펼쳐진 상황에 무작정 이끌려가는 대신, 상황을 해결하는 주도권을 쥐고 능동적으로 대처할 수 있게 됩니다. 앞에서 제시한 그림과 같이 신체 감각적 상태(높은 자극 상태, 낮은 자극 상태)와 기분 상태(좋은 기분, 나쁜 기분)에 따라 감정을 다각도로 살펴보면 내 상태를 더 자세하고 정확하게 파악할 수 있습니다.

감정과 나를 분리하는 요령

✧

나와 평생 함께할 '감정'과도 항상 적당한 거리를 유지하는 것이 필요합니다. 감정에 전적으로 사로잡혀 자기 통제 능력을 잃는 것도 문제지만 감정을 무시하고 피하는 것 또한 마음의 상처를 만드는 요인입니다. 다행히도 감정의 목적과 이유를 정확히 이해하면, 내가 통제할 수 있는 부분과 없는 부분을 구분하는 감정과의 바운더리가 자연스럽게 생겨납니다.

감정과의 바운더리는 크게 공간적 분리, 시간적 분리, 인지적 분리로 나눌 수 있습니다. 먼저 **공간적 분리**는 정해진 공간과 상황에서 거리를 두는 연습을 뜻합니다. 불편한 감정을 속에 쌓아두면 오래된 상처처럼 곪아 터져 마음을 아프게 하기 때문에 감정을 충분히 들여다보고 적절한 시기에 해소하는 것이 중요합니다. 여기서 감정과의 바운더리를 구축해 마음을 돌아볼 충분한 공간을 허용하면 감정을 적절하게, 효율적으로 해소할 수 있습니다. 흔히 스트레스를 받는 상황에서 '바람을 쐬고 온다'며 잠시 자리를 벗어나는 것도 감정과 자신을 공간적으로 분리하며 기분을 조절하는 행동입니다. 불면증 치료에서도 걱정은 침대 밖에서 하라는 지침을 통해 불안한 감정이 수면을 방해하지 못하게 하는데, 이 역시 걱정스러운 감정과 공간적으로 거리를 두는 좋은 예입니다.

특히 불편한 감정 중에서도 화와 같은 감정은 격하게 표출되면 위험한 상황으로 이어질 수 있기 때문에, 스스로와 다른 사람을 위험에 처할 염려가 없는 환경에서 감정을 처리하는 방법을 고안할 필요가 있습니다. 앞서 예시로 든 재훈 씨가 친구 앞에서 느낀 불편함을 바로 짜증이나 화로 분출하지 않은 것은 그 순간에 적절하게 대응한 처사라고 볼 수 있습니다. 하지만 자리를 벗어난 후 왜 그런 느낌이 들었는지 스스로를 돌아보는 시간을 갖거나 상담사나 주변 사람에게 마음을 털어놓는 등 자신과 감정을 공간적으로 분리하는 노력을 했다면, 하루 종일 마음을 짓눌렀던 감정의 무게가 좀 더 가벼워질 수도 있었을 겁니다.

감정과 **시간적 거리**를 둔다는 것은, 순간적인 감정에 휩쓸리

바운더리

지 않고 그 감정을 충분히 해소하는 시간을 따로 정한다는 뜻입니다. 대표적인 예가 '걱정 시간'을 정하는 일입니다. 저는 걱정이 많아서 잠들지 못하거나 할 일에 집중하지 못하는 내담자들에게 '걱정 시간'을 처방합니다. 그 시간은 오롯이 걱정하는 데 쓰고, 정해진 시간이 아닌 다른 시간에 걱정이 들면 '걱정 시간에 다시 그 문제를 생각해보자'라고 스스로에게 이야기해주고 다시 할 일에 집중하는 것이 걱정 시간의 규칙입니다. 달갑지도 않은 걱정을 시간까지 정해놓고 한다니 다소 우스꽝스러워 보일 수도 있겠지만, 실제 걱정 시간을 정해놓고 불안한 감정을 다른 시간으로 잠시 미루면 불안 때문에 집중력과 기력을 소모해 작업 효율이 떨어지는 일을 방지할 수 있습니다.

인지적 분리는 감정을 내 정체성·성격·인격으로부터 분리하는 과정입니다. 감정은 비교적 짧은 시간적 단위로 나타나는 '상태'고 정체성과 인격은 오랜 시간이 흘러도 잘 변하지 않는 '특성'입니다. 하지만 우리는 가끔 감정을 강렬하게 느낄 때 그 감정이 '나'라는 인간의 많은 부분을 차지하는, 내 특성을 드러내는 요소라고 잘못 인식하기도 합니다. 앞에서 재훈 씨가 공부에 집중할 수 없어 느낀 좌절감 때문에 자신에게 '실패자'라는 정체성을 부여한 것 역시 이와 같은 현상입니다. 감정에 압도된 탓에 과도한 일반화가 일어난 것이죠. 그렇기 때문에 내 생각, 말, 행동이 나라는 인격체(즉, 나라는 사람의 깊은 신념과 정체성)에서 비롯된 것인지, 아니면 일시적인 감정으로 인해 불쑥 튀어나온 것인지 구분하는 연습을 충분히 해야 감정과 나를 효율적으로 분리하는 바운더리를 구축할 수 있습니다. 예를 들어, 자신을 실패자라고 여기는 생각이 순간적으로 일어난 격한 감정이 만들어낸 부산물이라는 사실을 의식적으로라도 자신에게 되새기면, 그 감정을 유발한 경험을 더 수월하게 떠나보낼 수 있습니다.

감정에 지배당하지 않는 마인드셋

앞서 소개한 내용을 통해 불편한 감정에 휩쓸리거나 심하게 동요하지 않으려면, 내 안에 숨은 불편한 감정들을 마주하고 명확히 이해해야 한다는 사실을 알았습니다. 그렇다면 어떻게 해야 나를 힘들게 하는 감정을 이해할 수 있을까요? 바로 감정이 어떠한지 있는 그대로 인식한 다음, 그 구조와 원인을 하나씩 분석하는 순차적인 과정이 필요합니다.

하지만 평소에도 마주하기 어려워 회피하던 감정을 바로 마주한다는 건 쉽지 않은 일이죠. 다음 내용에서는 감정을 정확하게 파악하고 다루는 데 유용한 마인드셋 4단계를 소개합니다. 이 과정을 차근차근 연습해보면, 불편한 감정을 통제하는 능력과 내가 원하는 방향으로 생각과 행동을 이끄는 힘을 기를 수 있습니다.

마인드셋 기르기 ①
: 감정을 다루는 4단계

✦

1단계: 감정 알아채기(의식)

감정을 다루는 마인드셋의 첫 단계는 내 안에서 움직이는 감정을 있는 그대로 받아들이는 데서 시작합니다. 내 안에 자리 잡은 감정을 오해하지 말고, 미워하지도 말고, 그저 그 자리에 있음을 알아차리세요. 불편하더라도 내게 느껴지는 마음을 밀쳐내지 말고 지금 느껴지는 이 감각이 내 솔직한 마음 상태라는 것을 수용하며 내 마음을 호기심 있게 바라봅니다.

- 내 마음은 지금 무슨 색깔인가요?
- 그 감정은 무슨 모양을 띠고 있나요?
- 그 감정은 무엇을 뜻할까요?

불편한 감정으로부터 도망가고 싶은 욕구가 고개를 든다면 다음 문장을 스스로에게 이야기하세요.

- 이것도 일시적인 상태야.
- 이 감정은 내가 생존할 수 있도록 뇌에서 만드는 중요한 신호야.
- 이런 느낌은 자연스럽고 정상적인 거야.

바운더리

2단계: 감정과 거리 두기(분리)

감정도 그저 그 존재로 인정해주고 '내 감정'이라는 공간을 내 안에 따로 마련하며 나 자신에게서 조금씩 분리하는 연습을 해보세요. 감정이 먹구름처럼 밀려온다고 해도 그 먹구름은 내가 아니고, 나는 먹구름 안에서 헤매지 않아도 됩니다. 잠시 먹구름을 내옆으로 밀어내거나, 내 손바닥 위에 올려놓고 들여다본다고 상상해보세요. 그 마음을 가만히 들여다보고, 거기서 한 걸음 떨어져서 다음과 같이 이야기해 보세요.

- "나는 지금 슬픔을 느끼고 있구나(내가 슬픔이 아니고 슬픔이 내가 아니고, 내 안에 슬픔이 따로 존재하는 것이죠)."
- "충분히 슬픔을 느낄 수 있는 상황이지. 다행히도 내 슬픈 마음이 제대로 작동하고 있구나(지금 내가 느끼는 것이 정상적이고 타당한 감정이라는 것을 상기합니다)."
- "내가 힘든 건 지금 해결해야 할 상황이 워낙 어려워서 그런 거야. 내가 약해서 그런 게 아니야(힘든 감정을 느낀다고 자신에게 잘못이 있다고 여기는 대신, 정황상 어쩔 수 없었고 이 상황에서 내 감정이 자연스럽고 타당하다는 사실을 인식합니다)."

3단계: 감정에 이름표 붙이기(정의)

지금 느끼는 감정이 무엇인지 세밀하게 파악하기 위해 여러 가지 감정 단어를 활용해 감정 입자도를 높여보세요. 다음 질문을 이용해 감정을 더 깊이 들여다보는 연습을 해봅시다.

- 지금 느끼는 감정을 세 가지(최대 다섯 가지) 단어로 표현해보세요.
- 그 감정을 색깔로 표현한다면 무슨 색일까요? 진한 색인가요, 옅은 색인가요? 밝은 색일지 어두운 색일지도 한번 생각해보세요.
- 감정의 모양은 어떠한가요? 뾰족한 부분이 있나요? 둥글둥글하나요? 아니면 모양이 계속 바뀌거나 움직이나요?

4단계: 감정의 패턴 이해하기(해석)

불편한 감정을 나와 조금 분리하고 그 감정을 마주볼 준비를 마쳤다면, 이 감정이 어디에서 시작되었고 내 몸과 마음이 그 감정에 따라 어떻게 작동하는지 등 감정이 일으키는 패턴을 객관적으로 파악해야 합니다. 그래야 실제로 감정을 조절하는 단계에서 좀 더 효율적인 조치를 취할 수 있기 때문이죠. 감정을 이해하고 해석하는 연습은 다음과 같은 질문에서 시작합니다.

- 몸이 어떻게 반응하는가(신체 반응, 예: 가슴이 조이는 느낌)?
- 무슨 상황·대상으로 인해 불편한 감정을 느끼는가(트리거나 계기, 예: 이별)?
- 어떤 생각이 드는가(인식/인지, 예: '앞으로 사랑받지 못할 거야')?

- 어떤 행동을 하고 있는가(행동, 예: '아무 연락도 받지 않고 침대에 누워 있는다')?
- 내 감정은 주로 어떤 생각에 영향을 받는가? 그 감정으로 인해 나는 어떻게 행동하며, 그 행동은 내게 어떤 영향을 미치는가?

　다음 그림을 보며 빈칸을 채우는 연습을 해보세요. 감정이 어떤 영향을 받고 어떤 결과를 낳는지 등, 감정의 흐름을 쉽고 명확하게 살펴볼 수 있습니다.

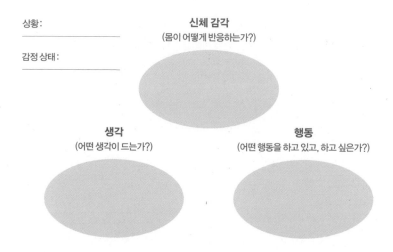

상황:

감정 상태:

신체 감각
(몸이 어떻게 반응하는가?)

생각
(어떤 생각이 드는가?)

행동
(어떤 행동을 하고 있고, 하고 싶은가?)

　빈칸을 채운 말들을 살펴보세요. 무엇이 보이고, 어떤 생각이 들고, 어떤 감정을 느끼셨나요? 이 중에는 내 마음속 깊숙한 곳에 자리 잡아 익숙한 반응 패턴으로 굳어지고, 심지어 불편한 감정을 회피하는 방어기제로서 작동하던 요소가 있을 수도 있습니다. 여기서 효율적인 패턴은 지금처럼 유지하고, 비효율적인 패턴은 고쳐볼 수 있겠죠. 이 연습을 꾸준히 하면, 더 나은 감정을 경험하는 데 도움이 될 새로운 감정 패턴을 직접 만들어볼 수도 있습니다.

마인드셋 기르기 ②
: 감정의 이해를 돕는 양파 까기 기법

✧

'감정을 다루는 4단계' 과정을 거쳐 감정과 인지적 분리를 시도했지만 감정을 해석하는 과정이 어려웠거나, 한번 감정 속으로 더 깊게 파고들어 내 마음을 본격적으로 분석해보고 싶다면 이 기술이 도움이 됩니다. 양파 까기 기법Peeling the Onion Technique(아래쪽 화살표 기법Downward Arrow Technique이라 불리기도 합니다)은 감정의 출처를 알기 어려울 때나 현재 감정 상태를 구체적으로 설명할 수 없어 해결책을 찾기 어려울 때 사용하는 심리 상담 기법입니다. 이 기법은 양파를 한 겹씩 벗겨내면서 양파의 중심에 가까워지듯 생각을 하나씩 들추며 문제의 핵심에 다가가는 연습입니다. 불편한 상황이나 생각과 마주했을 때 다음 질문을 활용해 깊은 곳에 자리잡은 마음과 신념을 알아가 보세요.

- 그 생각이 무슨 의미일까?
- 그 생각이 내게 왜 중요할까(혹은 '왜 그렇게 나쁘게 느껴질까')?
- 그 생각이 사실이라면 그건 나에 관해 어떤 사실을 드러낼까(혹은 '그렇다면 나는 어떤 사람이라고 할 수 있을까')?

예를 들어 재훈 씨의 심리를 위 항목을 통해 분석해보면 다음과 같습니다.

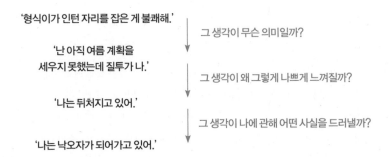

'형식이가 인턴 자리를 잡은 게 불쾌해.' — 그 생각이 무슨 의미일까?

'난 아직 여름 계획을 세우지 못했는데 질투가 나.' — 그 생각이 왜 그렇게 나쁘게 느껴질까?

'나는 뒤처지고 있어.' — 그 생각이 나에 관해 어떤 사실을 드러낼까?

'나는 낙오자가 되어가고 있어.'

이렇게 생각을 한 겹씩 벗겨 나가면 내가 겪었던 상황이 마음에 어떤 상처나 두려움을 건드렸는지 발견하기가 더 수월해지고, 나아가 내가 세상이나 스스로에 대해 중요히 여기는 가치관인 '핵심 신념'도 발견하게 됩니다. 물론 내 마음 깊은 곳을 들여다보는 일에는 큰 용기가 필요하고, 그런 시도에 저항감이 느껴진다 해도 그 또한 자연스러운 반응입니다. 하지만 마음속에 묻힌 근본적인 상처나 두려움을 발견하는 일은 무척 중요합니다. 내 마음을 깊이 이해하고 감정을 바꾸는 노력의 시작점이 되기 때문입니다.

바운더리

행동으로 감정의 불안을 가라앉히는 연습

감정은 우리의 행동에 어떤 영향을 줄까요? 어떤 행동을 취해야 감정을 더 잘 다루게 있게 될까요? 앞서 설명한 내용을 읽고 감정에 대한 이해를 넓히고 불편한 감정을 나와 분리하는 마인드셋을 익혔다면, 다음 내용을 통해 적절한 행동을 통해 감정을 다루는 방법을 차근차근 계획해봅시다.

순간적인 격한 감정을 다스리는 기법

✧

간혹 격한 감정에 사로잡혀 자제력을 잃을 것만 같은 느낌을 받을 때가 있습니다. 머리끝까지 솟구치는 화, 몸을 마비시키는 듯한 불안이 그 대표적인 예죠. 이런 순간이 닥치면 자신에게 이 상황을 마무리 지을 힘이 전혀 없다고 느끼기 쉽지만, 앞서 이야기했듯 감정을 나와 분리하는 기술을 충분히 연습하면 격한 감정을 다스리는 능력을 기를 수 있습니다.

내 마음을 뿌리를 현재에 내리는 그라운딩 기법

그라운딩grounding 기법은 현재 상황에 집중해 내 앞에 놓여있는 현실을 인식하는 심리 기법입니다. '그라운딩'은 직역하면 '땅에 닿다'는 뜻으로, 이 기법은 뿌리 깊은 나무가 거센 바람에도 흔들리지 않고 땅 위에 굳건하게 자리 잡고 있듯 거세게 휘몰아치는 감정의 소용돌이 속에서도 꿋꿋하게 중심을 잡고 현실을 바라볼 수 있도록 돕는 기술입니다. 공황장애·트라우마·불안장애를 치료하는 데 널리 쓰이는 기법이기도 합니다.

방법은 간단합니다. 격한 감정을 느낄 때 오감을 이용해 주의를 현재로 돌리면 됩니다. 다음과 같은 다섯 가지 단서들을 통해 '지금' 내 주변에서 느껴지는 것들을 인식해보세요.

- '눈에 보이는 사물' 다섯 가지(예: 나무, 액자, 구름, 책장).
- '몸에 느껴지는 감촉' 네 가지(예: 침대 매트리스, 벤치, 마룻바닥).
- '귀에 들리는 소리' 세 가지(예: 새소리, 기차 소리, 아이 울음소리).
- '코로 느껴지는 냄새' 두 가지(예: 커피 향기, 세제 냄새, 핸드크림 냄새).
- '혀에 느껴지는 맛' 한 가지(예: 박하사탕, 홍차, 침, 껌의 맛).

바운더리

마음의 급한 불을 끄는 TIPP 기법

격한 감정을 다스리는 데 유용한 다른 한 가지 기술은 미국 심리학자 마샤 리네한Marsha Linehan이 연구한 변증법적행동치료에 나오는 TIPP 기법입니다. TIPP 기법은 온도temperature, 격한 운동intense exercise, 느리고 깊은 심호흡paced breathing 근육 이완 훈련paired muscle relaxation 네 가지 요소로 구성됩니다. 이 기법은 몸의 감각을 통해 눈앞에 있는 상황을 더 객관적으로 돌아볼 수 있게 한다는 점에서 그라운딩 기법과 흡사합니다. 그라운딩 기법이 주의를 돌리는 '인지적 요소'에 집중한다면, TIPP은 격한 감정을 동반하는 신체 증상을 적절한 '활동'을 통해 다스리고 잠시 감정에 매듭을 지어주는 원리를 따릅니다. TIPP 기법의 자세한 내용은 다음 표와 같습니다.

기법 요소	방법	예시
온도 Temperature	차가운 물건을 이용해 몸에 닿는 온도를 급격하게 바꾼다.	- 10도 이상의 시원한 물로 세수를 한다. - 아이스팩이나 얼음을 넣은 주머니를 얼굴에 대고 있는다.
격한 운동 Intense Exercise	짧은 시간이라도 에너지를 발산해 몸에 쌓여 있는 감정을 해소한다.	- 웨이트 트레이닝, 빠르게 걷기, 달리기, 줄넘기

느리고 깊은 심호흡 Paced Breathing	느리고 깊게 숨을 내쉬면서 심박수를 낮춘다.	- 가슴을 부풀린다는 느낌으로 숨을 코로 깊게 들이마시고 (5초), 입으로 길게 (7초) 내쉰다.
근육 이완 훈련 Paired Muscle Relaxation	근육을 이완하며 몸과 마음의 긴장을 완화한다.	- 느리게 숨을 들이쉬며 주먹을 꽉 쥐었다가 다시 느리게 숨을 내쉬며 주먹을 쥐었던 손을 펴면서 긴장을 낮춘다. - 같은 연습을 다른 부위의 근육에도 한다(어깨를 올린다, 입을 최대한 크게 벌린다). 경련이 나지 않을 정도로 최대한 근육에 긴장을 주었다 풀어야 효과를 볼 수 있다. - 3장에서 나온 점진적 근육 이완 요법을 이용해도 좋습니다.

이 두 가지 방법은 몸의 감각을 이용해 격한 감정에 휩쓸렸던 주의를 눈앞의 현실로 돌리는 데 효과적이며, 휘몰아치는 감정으로부터 잠시 거리를 두고 감정을 다시 통제하는 데 도움이 됩니다. 우리의 뇌는 해결해야 할 문제에서 적절한 거리를 두지 못하면 '죽을 것 같아', '정신을 잃을 것 같아'라며 최악의 경우를 상상하고 힘든 감정을 놓지 못하는데, 이때 뇌에게 '이게 네 앞에 놓인 현실이야'라고 현실로 돌아올 단서를 주는 것이죠. 만약 힘든 감정이 너무 심

하게 북받쳐서 이 기술을 사용할 여유를 찾지 못하겠다면, 일단 그 자리를 피하는 것도 한 방법입니다. 장소를 옮겨 천천히 마음을 가다듬으면서 감정에게 공간적·시간적으로 고통과 잠시 분리되는 바운더리를 허용하세요. 그런 다음 감정이 어느 정도 정상으로 돌아오면 다시 하던 일을 이어가면 됩니다.

무기력을 없애줄 행동의 힘

✧

무기력은 우울증의 대표적인 증상 중 하나입니다. 마음이 너무 가라앉아서, 혹은 활력이 솟지 않아서 좋아하는 것이나 계획했던 일들을 실행하지 못하는 상태입니다. 무기력증을 느낄 때 우리는 흔히 감정만이 행동에 일방적으로 영향을 끼친다고 여기지만, 사실은 내가 어떤 행동을 하고 몸을 어떻게 움직이는지도 감정에 큰 영향을 끼칠 수 있습니다.

행동 활성화behavioral activation는 내게 즐거움을 느끼게 해주는 행동이나 상황을 찾고 적극적으로 실행할 계획을 세우는 연습을 뜻합니다. 꼭 거창한 계획이 아니더라도 좋습니다. 저는 '소확행(소소하지만 확실한 행복)'이라는 말을 참 좋아합니다. 우리에게 즐거움을 주는 것 중에는 언제 어디서든 쉽게 할 수 있는 활동도 충분히 많다는 사실을 알려주는 말이기 때문이죠. 작은 행복은 무심코 지나치기 쉽지만, 사실 이런 사소한 즐거움이 메마른 감정에 생기를 불어넣고 내게 중요한 삶의 가치를 찾는 데 매우 효과적입니다. 내게 특별한 것들을 모은 '소확행 리스트'를 만들어 내가 무엇에서 즐거움이나 행복을 얻는지, 무엇이 내게 의미 있는 시간인지 알아두고, 우울해지거나 무기력해질 때 이 목록을 꺼내보면 마음의 안정을 찾는 데 큰 도움이 됩니다. 아래 질문들에 답하며 나를 즐겁게 하는 활동을 찾아 보세요.

- 내 취미는 무엇인가?
- 나는 무엇을 할 때 몰입하는가?
- 어떤 상태가 내게 즐거움을 주는가?
- 내가 좋아하는 장소는 어디인가?

예를 들어 재훈 씨는 리스트를 다음과 같이 작성했습니다.

소확행 리스트
- 서점에서 새로 나온 책 읽기
- 카페 가기
- 공원 벤치에 앉아 있기
- 친구랑 맥주 한잔하기
- 새로운 여행지로 떠나보기

소확행 리스트를 만들었다면 리스트의 항목들을 실행할 구체적인 계획을 짤 차례입니다. 계획을 방해할 일이 있는지, 그 방해물이 무엇일지, 계획이 현실적인지 등을 판단해가며 나를 즐겁게 할 활동의 틀을 하나씩 맞추어보세요.

소확행 리스트 계획		
날짜/요일	월	화
계획한 소확행 이벤트	카페에서 책 읽기	오후 강의 후 친구들과 술 한잔
실제로 한 소확행 이벤트	카페에서 여행 잡지 보기	친구들과 한강에서 치맥
이벤트로 인해 느끼는 행복에 얼마나 집중했는가?	63	90
실제로 얼마나 행복감/즐거움을 느꼈는가?	80	94
기타	여행을 계획하기로 결심했고 설렘을 느낌.	야경도 예뻤고 오랜만에 친구들과 함께해서 반가웠음.

저는 행동 활성화를 생각하며 스포츠 용품 브랜드 나이키의 유명한 표어를 떠올립니다. "그냥 하자Just Do It!" 감정 때문에 마음

이 무겁게 가라앉을 때 기분을 좀 더 편안하게 바꾸려면, 여러 복잡한 생각에 일일이 동요하지 말고 일단 그냥 움직여보세요. 소확행 리스트를 도저히 못 채우겠다고요? 무엇을 해야 할지 모르겠다고요? 괜찮습니다. 간단한 짐만 챙겨서 무작정 집밖으로 나가 산책이라도 해보세요. "그냥 하자!"

걱정으로부터 자유로워지고 싶다면, '걱정 시간' 정해놓기

✧

앞서 감정을 억누르거나 무시하지 않고 충분히 들여다보고 다루는 것이 중요하지만, 항상 감정에 얽매여 있을 수는 없으니 감정과 '시간적 분리'를 하는 것이 유용하다고 설명했습니다. 그리고 이런 시간적 분리의 대표적인 방법으로 '걱정 시간'이 있다고도 설명했죠. '걱정 시간'은 머릿속에서만 머물던 생각을 눈에 보이는 공간(종이, 컴퓨터 화면)으로 끄집어내고, 좀 더 적극적으로 그 생각에 관련된 작업을 하는 시간입니다. 여기서 말하는 '생각에 관련된 작업'이란 힘든 마음을 입 밖으로 이야기하며 위축되었던 마음을 해소하는 과정일 수도 있고, 앞서 '감정을 다루는 4단계'에서 소개한 감정을 분리·이해하는 활동일 수도 있고, 지금 하는 걱정이 생산적/비생산적인지 구분하고 행동 계획을 짜보는 활동일 수도 있습니다. 이

바운더리

처럼 걱정 시간에 할 수 있는 작업은 다양하지만, 이 모든 활동의 핵심은 걱정하는 데 충분한 시간과 에너지를 허용한다는 데 있습니다. 걱정 시간을 최대한 잘 활용하고 싶다면 다음 몇 가지 규칙을 명심하며 방법을 연습하면 됩니다.

- **규칙 1**: 걱정 시간은 잠자리에 방해가 될 수 있으니, 되도록이면 오전이나 낮 시간에 15~30분 정도 여유를 두고 계획하세요. 늦어도 자기 두세 시간 전에는 걱정 시간을 끝내는 것이 좋습니다.

  - 내 걱정 시간: 매일/월/화/수/목/금, 오전/오후, _____ 시

- **규칙 2**: 걱정 시간은 아무런 죄책감이나 판단 없이 솔직한 내 생각을 꺼내보는 시간입니다. 생각을 떠오르는 대로 적어 내려가 보세요. 부끄러워도, 말이 안 된다 생각해도 괜찮습니다.
- **규칙 3**: 이 시간은 오직 걱정만을 위해 할애한 시간이니 이 목적에 집중하세요. 내가 원하는 만큼 다 걱정하고 나면 바로 다음 일정으로 넘어가는 것이 중요합니다.
- **규칙 4**: 급하지 않은 걱정거리가 걱정 시간이 아닌 때에도 자꾸 머릿속을 지배한다면, 일단 그 걱정거리를 메모해두세요. 그리고 '이건 걱정 시간에 다시 생각해보자'라고 스스로에게 약속하고, 일단 지금 해야 하는 일에 집중하세요.

- **보너스 팁**: 걱정하는 공간을 따로 만들어 두는 것과 같이 공간 적 분리까지 적용다면 걱정과의 바운더리를 더 강력하게 만들 수 있습니다(예: 걱정은 침대 밖에서만 하기, 출근하고 집에 와서는 일에 관해 걱정하지 않기).

적정 시간 연습			
날짜·시간	4월 15일 오후 두 시 15~45분	…	…
걱정거리	인턴 자리를 구하지 못함	친구들이 나를 무시할 것 같아 서두려움	이번 달 생활비 가 상당히 빠듯 할 것 같음
현재 걱정으로 인한 스트레스 레벨 (0~100)	70	60	85
행동 계획	이번 주말까지 인턴 자리 두 곳 지원하기	친구들의 생각 은 내가 알 수 없으니 인간관 계에 너무 마음 졸이기 말기	남은 일주일간 외식을 줄이고, 정 필요하면 아 르바이트 시간 늘이기

바운더리

| 계획 실행 후
스트레스 레벨
(0–100) | 38 | 40 | 60 |

감정과의 바운더리를 만드는 연습 자료를 QR 코드로 다운받아 활용해보세요.

✧

5장

일상의 행복에
닿는 법

이상과 현실을 구분하는 바운더리

나는 왜 지금 삶에 만족하지 못할까

◇◇

진현은 학창 시절에 찍은 사진을 들여다보며 깊은 슬픔을 느꼈다. 고등학생 시절 해맑았던 자신은 어느덧 두 아이의 엄마가 되어 있었고, 그 시절 자신을 설레게 했던 꿈은 이젠 찾아볼 수 없었다. 과거의 내가 그리던 삶과 지금의 삶은 너무나 다르다고 느껴졌다.

어린 시절 공부도 곧잘 했던 진현은 원하던 대학교를 졸업하고 은행에 취직했지만, 결혼 후 첫째 아이 임신과 동시에 일을 관두고 가정주부로서 육아와 집안일에 전념하며 행복한 가정을 이루는 데 헌신했다. 특히 지난 몇 년간은 고등학교와 중학교에 다니는 아이들의 교육에 온 노력을 쏟아부었다. 아이들이 좋은 대학교를 다니고 사회에서 성공하면 자신이 온 힘을 쏟아부어 해낸 역할과 희생을 인정받을 거라고 여겼기 때문이었다. 하지만 아이들은 공부에 관심이 없고 성적도 잘 오르지 않아 오히려 진현의 억지스러운 노력이 가정의 불화를 만들고 있었다.

남들은 일이 술술 잘 풀리던데 어째서 남편의 사업은 몇 년째 잘 풀리지 않을까, 이렇게 억척스럽게 아이들 교육에 힘쓰는데 어째서 아이들의 성적은 오르질 않을까, 열심히 살아왔지만 왜 나는 행복하지 않을까……. 힘든 일이 있을 때마다 진현은 '지금은 힘든 감정에 빠져 있을 겨를이 없다' 혹은 '내가 더 잘하면 다 잘될 거다'라고 스스로를 다독이며 견뎌냈다. 하지만 비관적인 질문은 꼬리에 꼬리를 물며 커져만 갔고 진현이 느끼는 우울도 점점 깊어갔다.

여러분은 어릴 적 어른이 되면 어떤 삶을 살고 싶었는지 기억하시나요? 커서 무엇이 될지, 어떤 모습일지, 어떤 집에서 살고 있을지 등 마음속에 품고 있던 그림이 있었을 겁니다. 그 모습은 각기 다를지라도, 누구나 꿈꿔온 삶이 있고 그 이상에 닿기 위해 매일매일 열심히 달리죠. 그러나 실제로 헤쳐 나가야 하는 삶과 현실은 내가 원하는 대로 쉽게 풀리지 않을 때가 많습니다. 이런 이상과 현실 간의 괴리감 때문에 우리는 자신의 삶이 불행하다고 느끼게 됩니다.

현진 씨도 자신이 살고 싶던 삶과 거리가 있는 현재를 살고 있기에 일상에서 행복을 느끼지 못했습니다. 이상과 현실 사이의 괴리를 경험하며 지금의 생활에 불만이 쌓여갔던 것이죠. 지나치게 높거나 실현 가능성이 없는 목표를 달성하길 바라고 그 목표에 집착하면 현실과 멀어지게 됩니다(우리는 이런 상태를 흔히 '환상'에 빠졌

바운더리

다고 이야기합니다). 하지만 꿈을 일절 꾸지 않고 아무런 이상도 좇지 않는다면 비관주의에 빠지고 삶에 대한 호기심과 기대감을 잃게 되겠죠. 그러니 우리는 이상을 꿈꿀 수 있는 희망과, 내가 품은 이상과는 다른 모습을 보이는 눈앞의 세상을 마주할 용기를 함께 지녀야 합니다.

이번 장에서는 이상과 현실을 구분하고 괴리감에 무너지지 않는 바운더리에 대해서 이야기하겠습니다. 이 둘의 불일치가 어떻게 삶의 불만족으로 이어지는지, 그럼에도 현실의 삶에서 행복감을 찾고 살아갈 방법은 무엇일지 함께 고민해보겠습니다.

꿈에 그리던 행복에 이를 수 없는 이유

◇

우리는 모두 지금보다 이상적이고 행복한 삶을 지향합니다. 많은 이들이 행복이 '즐거움이 오랜 시간 지속되는 상태'라고 생각하고, 그런 시간에 머물 수 있다고 생각해 행복을 만들어내기 위해 최선을 다합니다. 하지만 행복은 좀처럼 쉽게 손에 잡히질 않습니다. 행복해지기 위해 하루하루 쉬지 않고 열심히 공부하고 일에 몰두하지만 행복에 가까워지기는커녕 오히려 더 멀어지는 느낌을 받기도 합니다. 행복은 대체 어디에 있을까요? 정말로 노력하면 행복이 찾아올까요?

안타깝게도 우리가 사는 사회는 행복에서 조금씩 멀어지고 있습니다. 2024년 발표된 경제협력개발기구Organisation for Economic Co-operation and Development, OECD 회원국 국민에게서 삶의 만족도를 조사한 결과를 보면, 대한민국 국민의 행복 지수는 매우 낮았습니다. 10점 만점 기준으로 중 한국인의 행복 지수는 5.8점으로, 이는 평균 점수 6.7점보다 현저히 낮으며 그 전해인 2023년도 결과보다 0.2점 하락한 점수입니다. 최근 한국 통계청에서도 한국인은 자살률도 경제협력개발기구 국가 중 가장 높고, 하루에 평균 서른여섯 명이 자살한다고 밝혀 결과를 접한 이들에게 충격을 안겼습니다. 한국인으로서 이런 결과는 너무나 안타깝지만 한편으로는 매우 억울하게 느껴지기도 합니다. 그 어떤 나라 사람들보다 열심히 사는데 왜 행복은 우리에게 오지 않을까요? 최선을 다해 노력하며 삶의 한 고비를 넘겨도 행복을 만나기는커녕 다시 삶을 가로막는 큰 장애물만 만나고 좌절감을 느끼는 것은 왜일까요?

우리는 오랫동안 행복이 삶의 목표가 되어야 한다고 생각했고, 행복한 삶을 이어가는 것이 곧 풍요로운 삶을 사는 것이라 믿었기에 언젠가 행복을 이루겠다고 믿고 열심히 달리며 자신을 채찍질했습니다. 그러나 최근 행복을 다룬 연구 결과에 따르면 우리가 믿었던 행복의 공식이 잘못되었다고 합니다. 현대 심리학 연구들이 밝혀낸 행복의 특징에 대해 살펴보며, 우리가 알지 못했던 행복에 관한 사실 몇 가지를 나누어보겠습니다.

1. 행복은 열심히 좇을수록 오히려 멀어집니다

무엇을 좇는 데 많은 시간과 열정을 투자하면 그 대상을 향한 집착이 커지고, 그 과정에서 '꼭 잘해야만 한다'는 압박감이 생깁니다. 행복도 이와 마찬가지입니다. 행복해지고 싶다는 욕망이 너무 크면 행복에 집착하게 되고, 그것을 좇는 과정에서 다가올 미래에 막대한 기대를 두게 됩니다.

하지만 현실은 기대와는 다를 수도 있습니다. 많은 예비 신혼부부가 결혼식을 준비하면서 스트레스를 겪곤 합니다. 근사한 사진 촬영을 위한 화창한 날씨, 빈틈 하나 없는 예식 절차, 환상적인 신혼여행 등 더 멋지고 완벽한 결혼식을 원할수록 불안함과 실망감이 따라오기 마련입니다. 완벽함이 주는 짜릿함만 바라보며 결혼식을 준비하다 보면 조그만 결함에도 좌절하고 실망하게 되고, 결혼의 진정한 의미는 잊히기 쉽겠죠. 우리는 노력하고 기대하는 만큼 좋은 결과를 얻길 바라지만, 현실에서 어떤 예상치 못한 변수가 생길지는 알 수 없습니다.

2. 우리는 행복에 무뎌집니다

인간은 적응의 동물이라는 말을 들어보셨을 겁니다. 인간은 새로운 자극과 환경에 쉽게 적응할 수 있기에 생존 능력을 길러 더 강해질 수 있었습니다. 하지만 인간의 적응력은 행복이나 쾌락과 같은 긍정적인 상태에도 마찬가지로 적용됩니다. 새로운 변화로 행복을 느낄지라도 인간은 그 감정 상태와 상황에 곧바로 적응하고, 변화가 있기 전 상태와 동등한 정도의 행복을 느끼게 됩니다. 이 현상은 사회심리학에서 이야기하는 행복의 쳇바퀴^{hedonic treadmill}라는 개념으로도 잘 알려져 있습니다. '대학교에만 들어가면 행복해질 거야'라고 생각하던 입시생이 대학교에 입학하고 새로운 학교 생활에 익숙해지고 나면 행복감에 무뎌지고, '승진만 하면 행복해질 거야'라고 생각하던 직장인도 막상 승진하고 나면 곧 새로운 직책에 익숙해져 직장 생활 만족도에 이전과 크게 차이를 느끼지 못하게 되죠. 흔히 외부적 요인에 변화에 일어나면 행복이 찾아올 거라고 기대하기 쉽지만 사실 그 변화가 행복에 주는 영향은 오래 가지 못합니다.

3. 미래의 행복만 좇으면 현재의 행복을 놓치게 됩니다

행복을 목표로 한다는 것은 곧 '아직 행복에 닿지 않았다'는 뜻을 포함하기도 합니다. 즉, 현재에는 행복이 없다고 여기기 쉽다는 뜻이죠. 하지만 내게 행복을 줄 수 있는 사람과 사건은 일상 속에 존재합니다. 마음챙김 이론에서 흔히 이야기하듯 과거나 미래, 즉 현재가 아닌 다른 곳에만 주의를 기울이면 현재에 집중하지 못해 지금만 누릴 수 있는 즐거움을 놓치게 됩니다. 하버드대학교에서 이루어진 한 연구에서는 성인 5천 명에게 휴대전화 애플리케이션으로 "지금 무엇을 하고 있나요?", "지금 하고 있는 일 말고 다른 일을 생각하고 있나요?", "지금 기분이 어떤가요?" 등 세 가지 질문을 했습니다. 흥미롭게도 자신이 현재 하고 있는 일에 집중하는 사람들은 그 일이 무엇이든 행복감을 더 많이 느낀다고 답했습니다. 반대로 지금 하고 있는 일에 집중하지 않고 다른 곳에 마음을 두는 사람은 행복 지수가 떨어지는 모습을 보였습니다.

이 연구는 이후 학계에 '방황하는 마음은 행복하지 않은 마음이다A wandering mind is an unhappy mind'라는 유명한 말을 남기며, 마음이 현재에서 떠나 있으면 행복과도 멀어진다는 사실을 강조했습니다. 진현 씨가 아이들이 미래에 어떤 대학에 가야 좋을지 고민하며 행복한 미래만을 계획하는 동안, 눈앞에 있는 아이들의 지금 모습은 지나치는 것처럼 말입니다.

이런 상태가 지속되면 우리는 그때만 누릴 수 있는 행복을 놓치게 되고, 시간이 지난 후 그때가 값진 순간이었음을 뒤늦게 깨닫고 돌이킬 수 없는 과거를 향한 미련과 집착이 생기기도 합니다. 지금 곁에 있는 행복에 주의를 기울이지 못하고 현재를 흘려보냈다가면 훗날 후회와 그리움을 남기지 않으려면, 눈앞에 있는 행복에 주의를 돌려야 합니다.

해로운 긍정성 vs. 현실적인 긍정성

✧

우리는 행복을 실현하려고 스스로에게 긍정성을 심어주려 노력합니다. 그래서 불확실한 미래 앞에서도 좋은 결과만 바라보고 내일을 향해 달려 나가고, 사기를 떨어뜨리는 불안이나 우울 같은 감정은 무시하려고 합니다. 한때 긍정적 사고가 마음건강에 도움이 된다는 긍정심리학 이론이 인기를 끈 후, 많은 이들이 '낙관적 사고'를 큰 강점이자 미덕으로 여기게 되었습니다. 하지만 이런 마음가짐이 마음건강과 개인의 성장에 무조건 좋은 건 아닙니다. 잘못된 긍정은 오히려 우리를 스트레스에 더 취약하게 만드는 등 마음건강에 해를 입히기 때문입니다. 이런 종류의 사고를 '해로운 긍정성toxic positivity'이라고 부릅니다.

최근 몇 년간 온라인에서는 '긍정 확언'이 유행했습니다. 불안한 미래를 앞두고 "무조건 잘될 거야", "아무 문제 없을 거야"라며 스스로에게 건네는 긍정적인 말로 동기와 성장을 촉진한다는 믿음이 퍼져 나갔죠. 그중에는 구체적인 수치로 "나는 10년 뒤 연봉 2억을 달성한다"라는 말을 써놓는 사람도 있었습니다. 하지만 모두 으쌰으쌰 하면서 힘을 모으는 가운데 저는 마음이 편하지 않았습니다. 제게는 이상을 실현할 근거와 현실을 고려하지 않는 무조건적인 긍정 확언이 해로운 긍정성으로 보였기 때문입니다.

해로운 긍정성을 띠는 사람은 상황의 부정적인 면은 인정하지 않고 긍정적인 면에만 초점을 맞추어, 현실을 제대로 반영하지 않고 섣불리 중요한 결정을 내릴 위험이 있습니다. 미래를 위한 결정에는 끝없는 변화와 시련, 그로 인한 스트레스와 어려움을 극복하기 위한 시행착오 등 현실적인 요소가 모두 포함되어야 합니다. 만약 현실을 고려하지 않고 긍정적이기만 한 목표를 세운다면, 어려운 일을 만나도 상황을 직시하고 난관을 극복할 힘을 기르기보다 문제 상황을 회피하고 막연한 이상만 좇을 확률이 높습니다.

이런 해로운 긍정성은 우리가 느끼는 자연스러운 감정을 최소화시켜 부정·무시하려는 마음에서 시작됩니다. 진현 씨도 삶의 여러 고비를 겪으면서도 지금 자신이 힘들다는 사실을 인정하지 않고, 불편한 감정을 꾹꾹 누르며 스스로를 더 채찍질하는 해로운 긍정성을 보였습니다. 남편의 사업이 잘 안되거나 자신의 꿈이 이루어지지 않아 힘든 나날을 보내면서 지금 자신이 어려운 상황에 처했음을 받아들였다면 어땠을까요? 감정과 현실을 더 자연스럽게, 있는 그대로 수용했다면 역경에 치열하게 맞서면서 지쳤던 마음을 적절한 시기에 치유하고 더 나은 미래로 활기차게 나아갈 수 있었을 겁니다.

부정적인 가능성을 무시한 채 긍정적인 결과만 보려 하는 태도도 회피의 일종입니다. 4장에서 다루었듯, 회피가 오랫동안 지속되면 불안이 더욱 커질 위험이 있습니다. 그래서 좋은 결과에만 초점을 두기보다 상황을 360도 살펴보고 모든 측면을 고려해 현실적으로 예측하는 연습을 해야 합니다. "잘될 수도 잘 안될 수도 있고, 지금은 그걸 알 수 없어", "결과가 좋길 바라지만 내가 할 수 있는 데에는 한계가 있어"라고 말이죠.

아주 오래 전에 읽었지만 아직까지도 제 마음 깊숙한 곳에 살아 있는 글귀가 있습니다. "최고의 결과를 기대하고 최악의 결과에 대비하라Expect the best, but prepare for the worst." 이 문장처럼 좋은 것과 나쁜 것을 포함해 모든 가능성에 대비하는 마음가짐을 다지면, 그런 마음이 불확실한 미래에 맞서는 최고의 무기이자 방패가 되어줄 것입니다.

해로운 긍정성	현실적인 긍정성
"절대 실패하지 않을 거야."	"실패할 수 있지만, 또 잘될 수도 있어."
"반드시 잘될 거야."	"잘되면 좋겠지만, 잘되지 않더라도 난 다시 살아갈 거야."
"꽃길만 걸을 거야."	"살면서 힘든 일도 많겠지만, 그만큼 좋은 일도 만날 수 있을 거야."

바운더리

실패의 덫에 갇히지 않기 위해

◇

제 20대를 돌이켜보면 '실패'라는 키워드가 떠오릅니다. 원하는 대학에 들어가는 데 실패했고, 원하는 성적을 받는 데 실패했고, 꿈꾸던 박사과정에는 세 번이나 지원해 겨우 들어갈 수 있었습니다. 여기에 실패한 연구 프로젝트나 심리치료까지 포함하면 정말 셀 수도 없이 많습니다. 당연히 이 시절의 저는 불안과 자괴감으로 가득했습니다. 지금도 제 삶에는 항상 실패가 함께하고 있고, 실패는 여전히 달갑지 않은 존재입니다.

우리가 실패를 어려워하는 이유는, 실패가 인간이 기본적으로 가지고 있는 '두려움'을 적나라하게 드러내기 때문입니다. 나 자신이나 사회의 기대에 못 미친다는 두려움, 사랑받을 자격이 없다는 두려움 등 마음속 깊은 곳에 묻힌 가지각색의 두려움을 실패는 아주 교묘하고도 정확히 건드립니다. 실패를 겪으면 내가 그리던 이상과는 멀어지고 두려워하는 대상과는 더욱 깊이 얽매인다는 느낌을 받게 되죠. 그래서 우리는 지나간 실패를 생각하지 않으려고 애쓰고, 미래에 실패를 만나는 일도 되도록 피하려 합니다. 이러면 도전에 대한 두려움은 더욱 커지고, 내가 무엇을 잘못하고 있고 나를 부족하게 만드는 것이 무엇인지 알아내는 데 집착하게 되죠. 이런 사고 방식에 갇히면 실패는 우리의 성장을 방해하는 '덫'이 되어버리고 맙니다.

또한, 실패는 내가 원하는 결과에 도달하지 못했음을 나타내기 때문에 기대와 현실의 격차가 커질수록 더욱 큰 고통을 느끼게 됩니다. 미국 심리학자 윌리엄 제임스William James는 자신의 현재 모습을 바라보는 마음가짐, 즉 자존감에 삶에 대한 기대 수준이 차지하는 지분이 크다고 설명하며 다음과 같은 공식을 내세웠습니다.

$$자존감 = \frac{현재에\ 이룬\ 것}{기대한\ 것}$$

이 공식을 살펴보면 자존감이 '현실의 모습'과 미래에 대한 '기대 수준'의 비율에 따라 결정된다는 것을 알 수 있습니다. 즉, 삶에 기대하는 수준이 높고 그 모습과 현실 간에 격차가 벌어질수록 자신의 가치가 낮다고 여긴다는 뜻입니다. 그렇기 때문에 처음부터 너무 큰 기대를 품으면 내가 무엇을 성취하든 그 결과가 보잘것없어 보이고, 결과적으로 내가 초라해 보이게 되죠.

올림픽 역사상 가장 많은 금메달을 차지해 가장 위대한 수영 선수라고 불리는 마이클 펠프스도 저서 《나를 일으켜 세우는 힘, 노리밋츠》에서 올림픽에서 받은 기대와 실제 자신의 실력이라고 여기는 능력의 격차 때문에 자존감에 큰 타격을 받아 극심한 우울증을 겪었다고 이야기했습니다. 실제로 성장 과정에서 '천재' 소리를 듣는 아이들은 자신의 성과에 큰 만족감을 느끼지 못하고 성과에 대한 불안감도 크게 느낀다는 사실이 여러 연구 결과에서 밝혀졌습니다. '천재'라는 타이틀 때문에 목표에 지나치게 높은 기준을 적용하고, '못하면 안 된다'는 압박을 느껴 완벽하지 못한 자신을 비판하는 경향이 생기기 때문입니다. 이처럼 현실적이지 않은 이상과 과도한 기대에만 매달리면 현실과 큰 격차를 느끼게 되고, 스스로의 모습에 만족하지 못하고 부끄러움을 느끼기 쉽습니다. 우리가 무엇을 정상이라고 여기고 자연스럽게 받아들이는가, 얼마나 현실적으로 목표를 세우고 그에 맞게 노력하는가에 따라 현재와 실패를 받아들이는 자세가 크게 달라집니다.

물론 큰 꿈을 가지는 것이 나쁘다는 이야기는 아닙니다. 더 높은 곳을 향해 도전하는 용기는 아름답고 다른 사람들의 박수를 받을 만한 일입니다. 다만 그 꿈에 도전하는 과정에서 예상치 못한 장애물을 만났을 때, 어려움을 마주하는 마음가짐이 회피·수치·자기혐오와 같은 비판적인 심리로 이어지는지 살펴보자는 것입니다. 만약 제가 20대에 연이어 겪었던 실패를 제 재능의 결함 때문이라고 생각하지 않고 자연스러운 성장 과정의 일부라고 받아들였다면 어땠을까요? 아마 저는 어려움에 움츠리지 않고 그 시기를 더 희망적이고 즐겁게 보낼 수 있었을 겁니다. 이 사실을 아는 지금, 저는 실패를 조금 더 반갑게 맞이하고 내가 몰랐던 것을 배울 기회로 삼으려고 노력합니다.

그러니 우리는 **실패로부터의 도피를 멈추고 더 자신감 있게 현**

실에 부딪치는 연습을 계속해야 합니다. 실패 때문에 드러나는 삶의 부족함이나 내 약점에만 집중하기보다, 실패를 마주하고 어떤 깨달음을 얻을 수 있을지 읽어내야 합니다. 그러면 실패는 내가 현재 있는 지점을 또렷하게 볼 수 있는 중요한 단서가 될 뿐만 아니라, 내가 가진 가치관을 파악하고 어떤 전략과 계획으로 다음 과정으로 나아가야 할지 방향을 알려주는 나침반이 됩니다.

고백의 힘

✧

다른 사람들에게 내 힘든 마음을 이야기하거나 일기를 써서 마음속에 묻어둔 진실을 털어놓는 것도 실패를 이겨내는 좋은 방법입니다. 내 생각을 타인에게 솔직하게 이야기하는 행위는 수준 높은 목표 의식을 강화하는 중요한 동력입니다. 신경과학 연구에 따르면 마음속에 묻어둔 진실을 이야기하면 정보 처리·충동 조절과 같은 고위 인지 기능을 담당하는 전전두피질 회로망이 활성화되며, 이 덕에 즉각적인 욕구를 찾는 충동이 조절되고 이성적인 판단을 내리기 수월해진다고 합니다. 즉, 고백을 통해 자기 조절이 가능한 건설적인 방향으로 성장할 수 있다는 말입니다. 실제로 가장 대표적인 알코올의존증 치료 프로그램인 '익명의 알코올의존자 Alcoholics Anonymous'에서는 중독 상태였던 참가자들이 자신이 겪은 과거의 어려움과 중독 증상 재발에 대한 생각을 솔직하게 고백하는 과정이 치료의 핵심을 차지합니다.

힘들었던 과거와 마주하는 일이 중독의 아픔을 가지고 있던 사람들에게 치유와 재기로 나아가는 핵심적인 계기가 되듯, 실패를 마주하면 과거로부터 자유로워지고 더 나은 삶으로 도약할 용기가 생깁니다. 반대로 실패를 부정하거나 숨기려 한다면 내가 원하는 성장은 그려보지 못한 채 불투명한 이상 속에서 헛된 모습만 좇으며 허우적거리기 쉽겠죠. 실패가 이상을 무너뜨린다는 사실을 솔직하게 인정하고 좌절감을 받아들일 때 우리는 비로소 현실적인 변화를 이룰 건설적인 계획을 세워 나갈 수 있습니다.

나를 객관적으로 살펴보는 두 가지 방법

✧

내가 원하는 내 모습, 그리고 현실의 나

여러분이 생각하는 자신의 모습을 떠올려보세요. 만약 마법의 힘이 있어 내 모습을 바꿀 수 있다면 어떤 모습으로 바꾸고 싶으신가요? 이상적인 내 모습과 지금의 내 모습은 많이 다른가요?

1980년대 캐나다의 사회심리학자 에드워드 토리 히긴스Edward Tory Higgins는 스스로를 바라보는 모습이 실제 자아(실제 내가 인식하는 나의 모습), 이상 자아(내가 지향하는 내 모습), 의무 자아(사회적 혹은 도덕적 기준에 부합해 맞추려는 모습), 이렇게 세 가지로 나뉘며 이 자아들의 불일치가 정서적 고통과 불안으로 이어진다는 자기 불일치 이론self-discrepancy theory을 소개했습니다. 이 이론에 따르면, 실제 자아와 이상 자아가 불일치하면 자신이 바랐지만 도달하지 못한 목표 때문에 실망·자책·우울감이 일어나고, 실제 자아와 의무 자아가 불일치하면 자신의 임무를 적절히 수행하지 못한다는 느낌이 생겨나 죄책감이나 불안과 같은 심리적 고통으로 이어질 수 있다고 합니다. 즉, 자신이 기대하는 이상적인 모습과 현실의 모습 사이에 격차가 심할 때 불만족이 생겨난다는 뜻이죠.

진현 씨가 학창 시절을 회상하면서 느낀 우울감과 실망감 또한 꿈꿔왔던 내 모습과 현실 속 내 모습 간의 차이에서 오는 괴리감, 즉 인지부조화의 결과라고 볼 수 있습니다. 내가 갖지 못한 것에 대한 상실감은 인정하고 그에 대해 충분히 애도하되, 지금의 내 모습과 그것을 만들어온 과정을 존중하고 받아들인다면 현재에 대한 만족감을 더 높일 수 있을 텐데 말이죠.

남들이 바라보는 나, 그리고 진짜 나

주변 사람들이 나를 어떻게 묘사하는지 떠올려보세요. 그들은 나를 어떤 사람이라고 생각하나요? 그들이 이야기하는 '나'는 내가 생각하는 '나'와 일치하나요?

사회생활을 하다 보면 자연스럽게 사회적 가면을 쓰게 될 때가 있습니다. 이상적인 모습을 보여주기 위해 내 본모습과는 다른 행동을 하게 되죠. 다른 사람들과 함께 살아가려면 직장이나 모임 등 내가 속한 사회에 좋은 인상을 남겨야 하기에 어느 정도의 '이미지 관리'는 필요할 수 있습니다. 하지만 이런 때에도 내가 생각하는 사회적 모습과 내 '진짜 모습' 간 차이가 크게 느껴질수록 마음이 불편해집니다. 언젠가는 사람들이 내 '진짜 모습'을 알고 실망할까 봐 두려움을 느끼기 때문입니다.

이렇듯 사회적 가면을 쓰며 불편한 감정을 느끼는 심리적 현상을 가면증후군imposter syndrome이라고 합니다. 가면증후군을 경험하는 사람들은 대개 사회에서 좋은 평판을 받고 학업적·직업적 성취감이 높습니다. 하지만 자신의 진짜 실력이나 강점으로 그 자리에 오른 것이 아니라 다른 사람들이 자기를 과대평가하거나 그저 운이 좋아서 그 자리에 오를 수 있었다고 믿는 경향이 있습니다. 가면증후군 또한 이상과 현실 사이의 괴리감에서 나오는 현상이라고 볼 수 있죠.

메타인지meracognition(생각에 대해 생각하는 기술)의 선두 주자인 인지심리학자 리사 손Lisa Son 교수의 말에 따르면 가면증후군은 스스로에 대한 현실적인 인식이 부족해서 생기며, 이를 극복하려면 스스로의 강점과 약점을 모두 파악하고 자신을 객관적으로 보는 노력이 중요하다고 합니다. 그러기 위해서는 스스로에게 계속 질문을 던지며 내가 어떤 생각을 하며 살아가고 있고 현재 처한 상황에 관해 어떤 정보와 지식을 가지고 있는지 파악해야 합니다. 자신의 강점에만 집중하면 성장할 기회를 잃게 되고, 약점에만 치우치면 스스로의 성과를 온전히 인정하지 못해 자신감을 잃고 불안과 우울에 빠지게 됩니다.

저 또한 박사학위를 받기 위해 노력하던 과거에도, 그리고 교수가 된 최근까지도 사람들의 기대보다 내 능력이 턱없이 부족하다고 느끼며 가면증후군을 오랜 시간 경험했습니다. 언젠가는 내 부족함이 탄로날 거라는 두려움을 떨치기 어려워서 번아웃이 올 때까지 한 가지 연구 주제를 완벽하게 파악하려고 파고들기도 하고, 발표 준비를 과도하게 하면서 자책을 놓지 못했습니다. 하지만 내부족함을 드러내고 강점은 자랑스럽게 인정하는 연습을 꾸준히 한덕에, 이제는 지금의 제 모습에 더 만족하며 생활할 수 있게 되었습니다. 실패를 경험했다면 그 상황을 있는 그대로 들여다보며 여기서 배울 점이 무엇일지, 이 교훈을 통해 내 능력을 어떻게 보강할 수 있을지 등 실패를 능력을 보강하는 기회로 삼아야 합니다.

다른 사람과 나를 '현실적으로' 비교할 것

✧

"사촌이 땅을 사면 배가 아프다"라는 속담이 있습니다. 미국에도 "비교는 삶의 즐거움을 훔쳐가는 도둑이다Comparison is the thief of joy"라는 말이 있죠. 동서양을 막론하고 이런 표현들이 쓰이는 것을 보면 인간은 누구나 다른 사람과 자신을 비교하면서 마음을 힘들게 하며 살아왔나 봅니다.

이런 '사회적 비교'는 본래 자신을 다른 사람들과 비교하며 스스로의 능력·지위·성취 등을 검토하는 자연스러운 인지적 절차입니다. 또래, 동기, 우리가 매일 마주치는 인물들과 자신을 비교하고 현재의 자신을 파악하는 일은 앞으로 내가 나아갈 방향을 정하는, 성장에 꼭 필요한 과정이죠. 하지만 이 과정에서 스스로를 상대적으로 낮추어 보게 되고 열등감이나 질투와 같은 부정적인 감정이 생겨나기도 하기 때문에 사회적 비교는 나쁜 것이라는 인식이 강합니다. 특히 인터넷과 가상 세계, SNS가 발달된 현대사회에서는 많은 사람들의 생활과 모습을 손쉽게 들여다볼 수 있고, 이에 따라 사회적 비교가 더 자주, 극심하게 일어나게 되었습니다. 이 탓에 많은 언론 매체가 앞다투어 현대인이 SNS와 사회적 비교로 '정신건강 위기'를 맞았다고 보도하고 있습니다.

사회적 비교가 성장을 위한 생각 과정에서 발생하는 자연스러운 현상이라면, 왜 그토록 많은 이들이 이 사실을 오해하고 있는 것일까요? 사회적 비교로 정신적 타격을 받는 과정의 핵심은 '비현실적 사고'에 있습니다. 즉, **다른 사람들의 모습과 삶을 이상화시켜 비현실적이고 객관적이지 못한 시선으로 자신과 비교**할 때 자존감이 타격을 받는다는 뜻입니다. 예를 들어, SNS에서 보이는 모습은 사실 대부분 일상에서 조금이라도 더 행복하고, 더 예쁘고, 더 풍요로운 단면을 골라 내놓은 것인데다 대부분 '필터(영상이나 사진 보정 기능)'를 통해 매력적으로 포장된 이미지에 불과합니다. 하지만 많은 사람들이 그 모습을 다른 이들의 현실이라고, 그런 모습이 평균적이라고 판단해 자신의 모습을 비하하곤 합니다. 환상과 현실 사이의 애매모호한 공간 때문에 스스로를 바라보는 관점이 흐려지는 것이죠. 이상으로 가득한 가상 세계에 빠져들면 필터와 편집으로 만들어진 다른 사람의 환상과 내 모습을 지속적으로 비교하며 스스로를 깎아내릴 위험이 있습니다. 그렇기 때문에 내 눈앞의 세상은 어떤 모습이고 나는 어떤 사람인지를 직시하며 현실에 대한 구분 능력을 기르고, 내가 부러워하는 대상의 구체적인 특징을 파악해 '환상'이 아닌 현실적인 '롤모델'로 받아들이는 것이 중요합니다.

또한, 기본적으로 자존감과 사회적 지지가 강한 사람들은 사회적 비교를 통한 타격을 덜 받는다고 합니다. 이는 우리가 평소에 주변 사람들이나 스스로에게 관대해지는 연습을 꾸준히 하면 마음을 단단하게 지킬 방어막을 만들어 나갈 수 있음을 의미합니다.

현실에 집중하고 미래로 나아가기 위해

✧

지금까지의 내용을 종합해보면 삶의 행복도는 우리가 현실을 바라

바운더리

보고 상황을 해석하는 시각에 따라 많이 달라진다는 것을 알 수 있습니다. 그러기 위해서는 현재 내가 마주한 상황과 스스로를 좀 더 객관적이게 볼 수 있게 **내 생각이 현실적인지 비현실적인지를 구분하는 바운더리**를 설정하는 연습이 필요합니다. 어떤 분들은 이런 과정이 자신이 지향하는 삶을 너무 '이상적'이라고 단정 짓고 자신이 할 수 있는 것의 범위를 축소하는 비관적인 태도로 이어질까 봐 걱정된다고 이야기합니다. 하지만 과거 경험, 또 그로 인한 고정관념이라는 현실 왜곡 필터를 내려놓고 현재를 바라볼 때 현실을 객관적으로 이해할 수 있습니다.

따라서 현실과 이상을 명확히 구분하는 바운더리를 구축하면, 내가 실질적으로 할 수 있는 일을 효율적으로 파악하고 그 일을 실천하는 데 오롯이 집중할 수 있습니다. 현실을 직시할수록 삶을 통제하고 긍정적인 삶의 변화를 이끌어내는 힘이 생긴다는 뜻이죠. 우리가 현실적인 기대expectation에 기대야rely 하는 이유입니다.

몇 해 전 방영된 드라마에서 우울한 생활을 하고 있던 주인공이 편의점에서 누군가 자신에게 문을 열어주는 것, 주말 아침에 늦잠을 잘 수 있다는 것처럼 사소한 일을 하루에 몇 분씩 채우며 삶을 살아갈 힘을 얻는다고 이야기하는 내용이 있습니다. 이렇듯 행복한 삶이란 작지만 순간의 기쁨을 주는 현실의 조각들이 모여서 이루어집니다. 행복은 거대한 망상 속에만 존재하는 낙원이 아니라, 지금 여기에서 찾아 내 손으로 하나씩 모아가는 일상이라는 뜻이죠. 그리고 그 첫걸음은 눈앞의 현실에 집중하는 데서 시작합니다. 이제 인지 및 행동 기법을 통해, 현실의 가치와 즐거움에 집중하는 바운더리를 만드는 연습을 시작해보겠습니다.

바운더리

일상 속 행복을 생생한 현실로 만드는 마인드셋

이상과 현실을 뚜렷하게 구분하기는 쉽지 않습니다. 이상 속에서만 가능하다고 생각했던 일이 실제로 일어날 수도 있고, 반대로 실현 가능하다고 생각했던 일이 실제로는 이루어지지 않을 수도 있기 때문입니다. 중요한 것은 **내게 주어진 상황을 잘 받아들이는 마음가짐**입니다. 이를 위한 몇 가지 구체적인 연습을 알아봅시다.

마인드셋 기르기 ①
: 현실 속에 행복을 짓는 마음가짐

✧

행복을 추구하며 살 권리는 누구에게나 있는 당연한 권리지만, 행복을 너무 강하게 추구하고 그 목적에 집착하면 행복은 오히려 더 멀어집니다. 그렇기에 현실적인 행복을 기대하려면 내가 행복을 어떻게 여기고 있는지 점검하는 과정을 거쳐야 합니다. 다음과 같은 말을 자신에게 충분히 이야기하고, 마음속 깊은 곳 닿을 때까지 반복하며 그 의미를 되새겨보세요. 이 말을 자신에게 꾸준히 건네다 보면 그 전에는 미처 알지 못했던 행복이 조금씩 눈에 들어오고, 초라했던 일상이 행복으로 차오르는 걸 느낄 수 있습니다.

1. '행복한 삶' 대신에 '더 완전한 삶'

완전한 삶은 좋고 나쁜 기분, 즉 긍정적인 감정과 부정적인 감정을 모두 느끼며 살아감을 의미합니다. 슬픔, 화, 두려움과 같은 '불행'한 감정들도 우리를 건강하고 가치 있는 삶으로 이끄는 나침반과 같은 역할을 합니다(4장에서 다루었듯이 말입니다). 따라서 부정적인 감정을 무조건 덮어두고 회피하려 한다면 인간답고 완전한 경험에서 멀어지게 됩니다.

자신에게 다음과 같은 질문을 던져보세요. '나쁜 감정을 피하고 싶어 삶에서 회피하는 부분이 있는가?', '감정이 내가 하는 일에 큰 장애물이 되지 않는다면 무엇을 해보고 싶은가?' 삶을 좀 더 풍요롭고 완전하게 사는 첫걸음은 내 앞을 가로막고 있던 장애물을 마주하고 내 삶의 일부로 받아들이는 데서 시작합니다.

2. '행복은 내 앞길에' 대신에 '행복은 지금 여기에'

많은 이들이 무엇 하나만 더 생기면, 무엇 하나만 더 이루면 행복해질 것이라 믿지만 그런 생각이 틀렸다는 사실이 수많은 행복 연구를 통해 증명됐죠. 미래의 행복에만 초점을 둔다면 현재의 행복을 놓치기 쉽고 '행복'이 손에 닿지 않을 수 없는 것처럼 느껴지게 됩니다. 자신에게 '지금 내 곁에 있는, 내 삶을 가치 있게 만들어 주는 사람·일상·환경·행동은 무엇인가?'라는 질문을 건네보세요. 그리고 그 질문에 답하며 현재의 감사함을 느끼고 그 순간에 온전히 머물러보세요.

3. '행복해져야 한다'가 아니라 '행복한 게 좋다'

행복을 지나치게 갈구하는 마음가짐은 오히려 '행복 강박'으로 이어져 마음건강을 해칠 수 있습니다. 물론 행복해지고 싶은 욕구를 인정하고 나를 즐겁게 하는 활동에 집중하면 삶의 만족감을 더 크게 느낄 수 있습니다. 하지만 동시에 행복하지 않을 수도 있는 그 모든 가능성, 경험, 상태도 받아들이는 유연성을 키우면 삶의 어떤 순간에서도 단단한 마음을 유지할 수 있습니다.

기대가 너무 컸던 바람에 크게 실망한 경험이 있었는지 한번 생각해보세요. 행복도 이런 경험과 마찬가지로 완벽하게 만들려고 할수록 불안감과 실패감이 더욱 커지게 됩니다. 부정적인 경우의 수까지 포함해 내 경험을 온전히 받아들여야 비로소 미래의 변수에 잘 대처하고 삶을 더 즐겁게 살아갈 수 있습니다. 그러니 행복한 순간을 만나면 반갑고 좋지만, 행복하지 않는 순간도 존재한다는 것을 인지하고 그런 순간에도 내 삶은 충분히 가치 있음을 아는 것이 중요합니다.

마인드셋 만들기 ②
: 지속 가능한 행복을 만드는 감사 일기

✦

감사하는 마음가짐을 연습하는 감사 일기는 '내게 주어진 것'을 현실적으로 받아들이는 데 효과적인 방법입니다. 감사 일기 쓰기는 최근에 유행처럼 번져서 많은 사람들이 감사하는 마음의 중요성을 익히는 계기가 되었죠. 감사 일기가 가져다주는 심리적 효과는 이미 많은 심리학 연구와 신경생물학적 과정을 다루는 연구를 통해 입증되었습니다. 감사 일기를 주기적으로 쓰는 사람은 삶에 더 큰 만족감을 느꼈으며 자존감도 더 높게 나타났고, 친사회적인 행동과 소통으로 주변 인간관계에도 긍정적인 영향을 준다고 합니다.

하지만 감사한 마음을 계속 기억하면서 살기는 쉽지 않습니다. 아무것도 없는 맨땅이라도 같은 곳을 지속적으로 밟고 다니면 뚜렷한 길이 생기듯, 내가 지향하는 생각이나 태도도 계속 연습하면 자연스럽게 떠오르는 뚜렷한 믿음으로 마음속에 자리 잡게 됩니다. 다음 네 가지 질문과 함께 '감사'로 가는 지름길을 만든다고 생각하고 '감사의 뇌 회로'를 만들어보는 연습을 해보세요.

- 나는 언제 고맙다고 인사하는가?
- 내 삶에 무엇이 찾아왔는가?
- 나는 무엇을 하며 즐거움을 느끼는가?
- 내가 감사하게 느끼는 사람은 누구인가?

다음 표를 보며 감사하는 마인드셋을 연습해봅시다.

생각해볼 질문	생각한 내용
나는 언제 고맙다고 인사하는가? 우리는 매일매일 고맙다는 인사를 참 많이 하지만 그 순간을 모두 기억하며 음미하지 않습니다. 예의상, 혹은 입에 배어서 무심결에 감사하다고 인사하는 것이죠. 오늘 내가 누구에게, 어느 상황에서 고맙다는 말을 했는지 떠올려보세요.	진현의 예: 오늘 무거운 짐을 들고 올 때 자신에게 도움을 준 경비원을 떠올렸다. 식사 중이었는데도 허겁지겁 나와서 자신을 도와준 그분에게 고마운 마음이 들었다. 또, 둘째가 복통으로 학교에서 보건실에 다녀왔다고 했는데 문득 보건 선생님께도 감사한 마음이 들었다.

내 삶에 무엇이 찾아왔는가?

내게 있는 좋은 것이 '내게 찾아왔다'고 생각의 초점을 맞추면 감사할 만한 것을 찾기가 더 쉬워집니다. 다음 표현을 활용해 내게 찾아온 행복을 떠올려보고, 오늘 어떤 행복이 찾아왔는지 적어보세요.

- '운이 좋게도', '다행히도'.
- '내게 주어졌다', '선물처럼 찾아왔다'.
- 그 외에 '풍요', '축복', '행운'과 같은 단어도 유용합니다.

진현의 예: 현재 자신의 가정을 떠올려보았다. 남편이 몸을 아끼지 않고 열심히 일하는데도 여전히 건강한 데 감사했고, 자신도 큰 병 없이 잘 지내는 데 감사했다. 그리고 자신에게 어여쁜 두 딸이 선물처럼 찾아와 자신에게 엄마가 될 수 있는 행운을 주었다는 생각이 들었고, 마음이 따뜻함으로 채워졌다.

나는 무엇을 하며 즐거움을 느끼는가?

내게 기쁨과 행복을 주는 것에 충분히 집중하는 시간을 가져보세요. 이 순간을 무의식적으로 흘려보내지 말고 '모든 감각'을 이용해 천천히 즐기며, 지금 내가 행복을 느낀다는 것을 인지합니다.

진현의 예: 따뜻한 커피를 좋아하는데 커피를 음미하며 먹은 지 오래된 것 같아, 간만에 커피를 천천히 즐겼다. 또한 샤워기에서 나오는 따뜻한 물줄기, 입 안에서 초콜릿이 녹는 느낌, 잔잔한 피아노 연주곡을 좋아한다는 것도 떠올랐다.

내가 감사하게 느끼는 사람은 누구인가?

내가 자주 만나는 사람이나 내가 평소에 고맙다고 느끼는 사람을 떠올려보세요. 감사함을 느꼈다면 그 사람에게 그 마음을 표현하면서 내가 받은 긍정적인 기운을 주변에도 나누어봅니다.

진현의 예: 이웃인 연희 씨가 친정에서 좋은 반찬을 받으면 꼭 나누어주고, 자신이 바쁠 때 항상 아이들 끼니를 같이 챙겨주어서 항상 고마웠다. 내일 예쁜 화분이라도 사들고 가서 감사함을 전하고 싶다는 생각이 들었다.

바운더리

마인드셋 만들기 ③
: 생산적인 생각과 비생산적인 생각 나누기

✧

이상과 현실을 구분하는 마인드셋 연습법 세 번째는 현실적이지 않은 기대를 내려놓고 내 한계를 수용하는 마음을 기르는 심리 기법입니다. 이는 내 능력 밖의 일에 매달리지 않겠다는 다짐이자, 내가 통제할 수 없는 요소에 얽매이지 않고 마음을 자유롭게 하는 연습입니다.

미국 심리학자 로버트 리히Robert Leahy 는 생각을 '생산적인 생각'과 '비생산적인 생각' 두 가지로만 분류할 수 있어도 마음이 자유로워지는 효과를 얻을 수 있다고 말합니다. 생산적인 생각은 지금의 상황을 개선하는 데 도움이 되는 생각으로, 현실의 위험에 적극적으로 대비하는 데 필요합니다. 만약 지금 드는 생각이 생산적이라고 판단했다면 내가 해야 할 일과 어려움에 대처할 방안을 목록으로 정리하고 문제를 차차 해결하면 됩니다.

반대로 비생산적인 생각은 내가 통제할 수 없거나 비현실적인 상황에 대한 걱정이나 후회를 뜻합니다. 실질적으로 고칠 수 없는 과거의 일이나 지금은 아무 대비도 할 수 없는 미래의 일인데도 감정적으로 에너지를 소모하게 되는, 비생산적이고 비효율적인 생각입니다. 먼저 내 걱정이 생산적·효율적인지 파악한 후, 그 생각을 구체적으로 어떻게 행동에 적용하고 현실적으로 상황을 통제할지 그 경계선을 설정하는 연습을 해봅니다. 다음 도표를 따라가며 현재 내 생각이 생산적인지 비생산적인지 차근차근 살펴보세요.

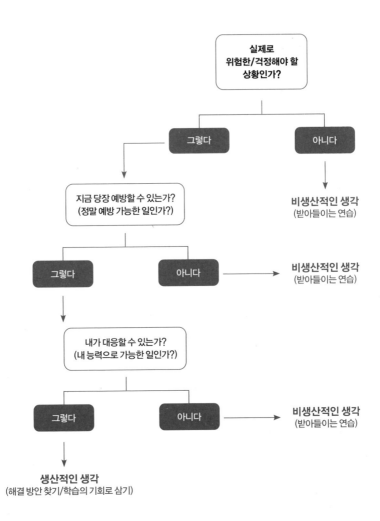

바운더리

마인드셋 만들기 ④
: 근본적 수용

✦

근본적 수용^{radical acceptance}은 오래전부터 심리학과 마음챙김에서 중요하게 다루어온 마인드셋 연습으로, 내게 주어진 상황을 온전히 수용함을 뜻합니다. 내 앞에 있는 좋은 상황과 나쁜 상황 모두 내게 주어진 것임을 받아들이는 과정이죠. 삶을 근본적인 면까지 철저하게 받아들이는 자세는 우리를 깊고 넓은 치유의 길로 이끕니다. 근본적 수용의 핵심 개념 세 가지를 살펴보겠습니다.

1. 삶은 고난의 연속입니다

우리는 어려움도 고통도 없는 세상을 꿈꾸지만, 현실은 그렇지 않습니다. 게다가 가끔은 산 넘어 산이 있는 것처럼 연속으로 고난이 찾아오기도 합니다. 1년, 10년, 지금까지 살아온 시간 전체를 놓고 삶의 만족감을 그래프로 그려보면 끝없이 이어지는 파도처럼 만족감이 높아졌다가 낮아진다는 걸 알 수 있습니다. 행복한 순간도 영원하지 않지만 힘든 순간도 영원하지 않다는 뜻이죠. 우리는 고난이 끝없이 반복되는 삶을 살고 있고, 고난에서 영원히 자유로워질 수는 없습니다.

2. 누구나 삶의 고통을 경험하게 됩니다

고난은 어떤 사람에게만 선택적으로 찾아오지 않습니다. 만약 돈이 많다거나 사회적으로 높은 위치에 있다고 해서 삶이 좋은 일로만 가득하다면 부유한 계층에서만 높은 행복 지수가 나타나야 하겠죠. 하지만 현실에서는 매우 부유한 재벌이나 유명인사가 심리적 고통으로 마약과 범죄 행위를 일삼았다는 소식을 자주 접할 수 있습니다.

태어나는 순간부터 삶을 마감하는 순간까지 우리는 수없이 많은 실패와 좌절, 고통을 겪고 이를 딛고 성장해 나갑니다. 그러니 과거에 느낀 고통, 현재 머물고 있는 고통, 미래에 찾아올 고통이 인류 전체가 겪는 자연스러운 경험이라고 생각하면 우리는 힘든 상황에서 고립된 기분을 느끼지 않게 되고, 더 나아가 사회나 온 세상의 인류와 연결되어 있음을 느낄 수 있습니다.

3. 삶은 그 자체로 가치 있습니다

많은 내담자들이 자신의 가치와 자존감에 외부적인 조건을 걸곤 합니다. "취업에 성공하면 제 삶에도 가치가 생길 거예요", "예쁘지 않으면 사랑받을 수 없을 거예요"와 같은 이야기를 하시는 분들이 많죠. 이럴 때 저는 그분들에게 공원이나 쇼핑몰에서 흔히 마주치는 아이들을 떠올려 보라고 합니다. 그 아이들의 삶은 가치 있나요? 아이들이 사회에서 보호받고 가족들에게 사랑받는 이유는

바운더리

그 아이들이 업적을 이루어내서 사랑받아야 할 조건을 충족했기 때문일까요? 이 질문을 받은 분들 모두, 아이들은 그 존재 자체만으로 사랑받는 값진 존재라고 이야기합니다. 그렇다면 우리의 삶은 어떠한가요? 우리 모두 스스로의 가치를 입증하지 않아도, 가치를 '획득'하지 않아도, 우리는 자신의 존재 자체만으로 가치 있습니다. 우리는 인간이기에 불완전한 것이 당연합니다.

근본적 수용의 개념을 널리 알린 미국 심리학자 타라 브랙^{Tara} ^{Brach}은 근본적 수용을 연습하려면 먼저 마음챙김의 자세를 익혀야 한다고 말합니다. 이는 2장과 4장에서 다루었던, 현재 내 눈앞의 상태에 집중하며 그 순간을 있는 그대로 관찰하고 내 마음을 알아 차리는 과정을 이야기합니다. 또한 2장에서 이야기한 자기자비를 기르는 연습도 근본적 수용을 완성하는 좋은 방법입니다. 현실의 고난이 내 잘못 때문이라고 판단하고 자책하기보다, 내 고통을 연민하고 힘들어하는 나를 감싸안을 수 있어야 합니다. 친절한 시선으로 내 고통을 바라보고 포용할 때, 비로소 현실의 어려움과 상처와 공존하는 힘을 기를 수 있습니다.

다음 표를 활용해 내가 완전한 삶을 살아가는 데 방해물이 되는 요소를 찾아보고, 이 깨달음을 근본적 수용으로 확장해봅시다. 다음 표에서 진현 씨가 적은 내용을 살펴보고 여러분은 어떤 내용을 채울 수 있을지 생각해보세요.

고려할 요소	생각한 내용
상황	동창회에 가면 내 모습이 친구들과 비교되어 주눅이 든다.
수용할 점	완벽한 삶을 사는 사람은 없고, 내 삶에도 부족한 부분이 있다. 나는 경제적으로 어려움이 있고 아이들에게 원하는 만큼 해주지는 못하지만, 그럼에도 내 삶을 계속 살아가기를 선택한다.
방해 요소	주변 사람들과 나를 비교하는 일, 아이들에게 경제적 풍족을 누리게 해주고픈 욕구
다짐	부족해 보이는 삶일지라도 그 안에서 내가 사랑하는 사람들과 가치 있는 일을 찾아 살아가겠다.

지속 가능한 행복을 만드는 연습

현재에 더 집중하며 사는 연습을 효과적으로 하려면 눈앞에 펼쳐진 상황 속으로 뛰어들어 현실을 직시하는 과정이 필요합니다. 4장에서 다루었듯이 나를 두렵게 만드는 상황(트리거)을 회피하기만 하면 그 상황에 대한 두려움과 불안만 커지고 근본적인 문제는 해결할 수 없기 때문입니다. 비록 마음이 불편하더라도 나를 힘들게 하는 상황이라는 트리거에 스스로를 노출시키고 현실을 마주해보세요. 그래야 현실을 마주하기 전 막연히 여겼던 두려움과 실제 현실에서 접한 상황을 비교하고 현실을 정확히 파악할 수 있습니다.

　하지만 현실을 마주한다는 건 매우 어려운 일이죠. 이런 경우 인지행동치료의 원리를 적용하면 빠르고 정확하게 현실을 파악할 수 있습니다. 인지행동치료는 과학적 근거를 가장 많이 보유한 심리치료 기법으로, 우울하고 불안한 마음이 현실과 현재와 동떨어진 생각과 태도로 인해 발생한다는 견해를 기반으로 하는 기법입니다. 이 치료법은 크게 인지치료와 행동치료로 나눌 수 있는데, 앞에서 소개한 '생각을 다루는' 기법들이 바로 인지치료의 일종입니다. 이 장에서는 우리를 현실로 노출시키는 데 중점을 두는 행동치료를 소개합니다. 이 개념을 적용해 현실과 이상의 바운더리를 만드는 '행동'으로는 무엇이 있을지 알아보고, 내 삶에 적용할 수 있는 실천법을 만들어봅시다.

불확실한 현실에 대처하는 심상적 노출

◇

삶에서 확실한 것은 거의 없습니다. 그리고 '불안'은 불확실한 삶에 대해 자연스럽게 생기는, 어떻게 보면 당연한 감정입니다. 그렇기 때문에 불안을 안고 살아간다는 것은 삶의 불확실함을 온전히 받아들이는 데에서 시작합니다. 이는 곧 내가 원치 않는 일이 일어날 수 있다는 사실도 모두 받아들여야 함을 뜻합니다.

심상적 노출imaginal exposure은 내가 원치 않는, 혹은 두려워하는 대상으로부터 회피하지 않고 오히려 그 대상을 지속적으로 상상하며 맞서는 심리치료 기법입니다. 인간의 뇌는 어떤 상황을 상상할 때 활성화되는 부위와 실제로 그 상황에 있을 때 활성화되는 부위가 같다고 합니다. 이 원리를 이용해 내가 두려워하는 특정 상황 속에 있다고 상상하며 뇌를 그 상황에 노출시키는 것이죠. 그러면 뇌도 점차 두려워하던 상황에 익숙해지고, 실제 그런 상황을 만나도 두려움을 덜 느끼게 됩니다. 예를 들어, 비행기를 타는 데 큰 공포를 느낀다면 기내 좌석에 앉아 있는 모습을 상상하고 그 상황에 조금씩 적응하는 연습을 하면 전보다 두려움을 훨씬 덜 느끼게 됩니다. 이 원리는 거시적인 삶의 목표와 그에 관해 느끼는 두려움에도 마찬가지로 적용할 수 있습니다. 다음 항목을 읽고, 순서대로 따라하며 내가 힘들어하는 상황에 심상적 노출을 적용해보세요.

1   내가 힘들어하는 상황을 떠올려보세요. 과거에 지나간 일도 괜찮고 언젠가 겪을 수도 있는 실패, 미래에 나타날 수 있는 두려움의 대상이어도 괜찮습니다.

2   그 상황 속으로 들어간다고 상상하며 상황 대본을 써봅니다. 이 상황이 실제로 일어나고 있다고 상상하며 현재형 문장을 이용해 내용을 채워보세요. 조금 억지처럼 느껴져도 문장을 하나씩 적으면서 내 행복을 앗아가는 상황의 핵심에 들어가보세요. 만약 적으면서 비현실적인 이야기를 한다고 느껴지더라도, 그 또한 현실이 내 생각과 다르다는 것을 자각했다는 성공적인 결과입니다.

3   상황 대본을 최대한 생생하게 적은 후, 왜 그 상황이 일어날 수도 있다는 가능성이 있음에도 이 삶을 살아나가고 싶은지를 스

스로에게 질문해보세요. 그리고 내게 중요한 삶의 가치를 떠올리며 앞으로 어떤 삶을 살고 싶은지 다짐을 적어보세요.

심상적 노출 대본

"나는 (두려움의 대상) 의 가능성이 존재한다는 것을 인지한다. 나는 (불안의 대상) 으로부터 영원히 자유로워질 수는 없다. 그럼에도 나는 (불안의 대상) 이 일어날 수 있다는 위험성을 안고 내 삶을 살아나갈 것이다. 왜냐하면 계속 (불안의 대상) 의 위험성을 부정하며 살면 (삶에서 느끼는 장애, 불편함) 때문에 내 삶을 완전히 누리지 못하기 때문이다. 나는 현재에 머무는 삶을 살며 즐거운 삶을 살길 원한다. 내 삶에 생길 수도, 그렇지 않을 수도 있는 고통 때문에 걱정만 하며 살면 삶의 아름다움을 놓치게 된다. 더 이상 후회나 걱정 같은 상상 속의 일이 나를 괴롭히지 못하게 할 것이다."

진현의 예: 나는 내가 어려운 노년을 보낼 가능성이 존재한다는 것을 알고 있다. 나는 내가 이루고 싶던 것들을 하나도 제대로 이루지 못할 수도 있고, 남편과 사별하고 할머니가 되어 조그만 시골 단칸방에서 가난하고 외롭게 지낼 수도 있다. 아이들이 학업을 이루지 못해 내가 바라던 직업에 정착하는 대신 이곳저곳으로 옮겨다니며 전전긍긍할 수 있다는 것도 안다.

나는 가난한 노년을 보낼 수 있다는 위험성을 안고도 내 삶을 살아나갈 것이다. 계속 이 가능성을 부정하면 불안이 가득한 삶을 살게 되기 때문이다. 내가 원하는 삶을 살아가려면, 미래가 불확실하고 내가 삶에서 통제할 수 없는 부분이 많다는 사실을 인정하고 받아들여야 한다.

나는 현재에 머무는 즐거운 삶을 살길 원한다. 내 삶에 생길 수도, 그렇지 않을 수도 있는 고통 때문에 걱정만 하며 살면 삶의 아름다움을 놓치게 된다. 더 이상 후회나 걱정과 같은 상상 속 일이 나를 괴롭히지 못하게 할 것이다.

나를 현재로 되돌리는 상황적 노출

✧

상황적 노출in vivo exposure은 이름 그대로 스스로를 두려움·불편함의 대상에 직접적으로 노출시키는 것을 나타냅니다. 상황적 노출은 인지행동치료에서 중요한 부분을 차지하는 기법으로, 특히 과거에 겪은 어려운 일로 생긴 외상후스트레스장애나 미래에 일어날 수 있는 재앙에 대한 두려움으로 생기는 강박증과 같은 불안장애에 많이 쓰이는 기법입니다. 심상적 노출과 마찬가지로 상황적 노출은 두려운 대상에 조금씩 다가가 현실을 직시할 수 있는 힘을 기르는 데 유용합니다. 이뿐만 아니라 상황적 노출은 현실 검증을 하는 데 효과적이기 때문에 처음에는 어렵게 느껴질지라도 장기적으로 매우 효과적인 심리적 기술입니다.

물론 제대로 된 노출치료로 효과를 보려면 경험이 풍부한 전문가(임상심리사·심리치료사·정신과전문의)와 함께 치료를 받아야 합니다. 여기서 이야기하는 상황적 노출은 '치료' 목적이 아닌, 현실과 상상 사이의 건강한 바운더리를 구축하기 위해 활용할 수 있는 심리 훈련법이라고 생각하면 되겠습니다. 다음 항목을 읽고, 순서대로 따라하며 상황적 노출을 적용해보세요.

1   내가 두려움이나 우울 때문에 지속적으로 회피하는 상황이 있는지 생각해보세요. 이런 감정을 회피하며 무엇을 잃었고 삶에

어떤 지장이 생겼을까요? 내가 중요하게 여기는 삶의 가치를 생각해봅니다.

2 이 상황을 실제 생활에서 마주할 계획을 세워보세요. 만약 마음의 준비가 되지 않았다면 먼저 심상적 노출을 연습해보며 적절한 시기를 기다려도 됩니다. 일단 조금씩 시작하는 것도 좋으니 단계별로 나를 상황에 노출시킨다고 생각하고 적당한 강도의 상황을 떠올려봅니다(예: 동창들의 편견이 두려워 모임에 가지 않는다면 일단 편하게 이야기할 수 있는 동창 한두 명에게만 연락해본다. 작은 모임에 나가보고 점차 큰 모임에 익숙해진다 등).

3 그 상황에 들어가기 전, 혹은 상황을 만난 순간에 생길 걱정을 적어보세요.

4 스스로에게 다음과 같이 물어보세요. '상황을 만났을 때 일어나는 감정과 상황이 지나간 후 생길 결과를 어떻게 수용할 것인가?' '나는 어떻게 실제 상황을 받아들일 것인가?' 이와 같이 마인드셋을 만드는 과정을 미리 연습하면 걱정에 대응하기가 더 수월해집니다.

5 스스로를 두려워하던 상황에 노출시킨 후 그 과정이 어떠했는지, 무엇을 느끼고 배웠는지, 내가 상상하던 그림과 실제 상황을 비교해보세요. 그리고 4번에서 답했던 내용을 되새기며 앞으로 어떤 자세로 부정적 상황에 대응할지 다짐해보세요.

상황적 노출

1. 내가 현실의 삶을 완전하게 살지 못하도록 나를 방해하는 요소는 무엇인가? 내가 그 요소를 회피하면서 어떤 손해를 입었고, 이를 극복하면 어떤 이득이 생기는가?

진현의 예: 나는 친구들의 편견과 판단이 두려워 오랫동안 모임에 나가지 못했다. 그러다 보니 친구들과 소원해졌고, 사람들을 피하다 보니 다른 모임에 나가는 것도 점점 더 어색해져 사회에서 고립된다는 느낌을 받았다. 친구도 조금씩 만나보고 가고 싶던 모임에도 나가보면, 좀 더 활동적으로 변하고 옛 친구들과도 다시 교류하며 즐겁게 지낼 수 있을 것이다.

2. 나는 어떻게 이 상황에 접근할 것인가? 구체적으로 어떻게 시작할 것인가?

진현의 예: 나는 일단 친구 두 명(진아와 예진)에게 문자 메시지를 보내는 것부터 시작할 것이다. 오랫동안 연락이 없었던 것에 사과하고 식사라도 하면서 그동안 못 나눈 이야기를 하고 싶다고 솔직히 말을 꺼낼 것이다.

3. 상황을 마주한 순간에 어떤 걱정이 생기는가? 이는 어떤 위험을 나타내는가?

진현의 예: 친구들이 내 메시지를 무시하거나 냉랭하게 반응하면 상처를 받을 것 같다. 그렇게 되면 나는 더 외로워지고 다른 사람들과의 만남을 두려워하게 될 것이다.

4. 상황을 만났을 때 일어나는 감정과 상황이 지나간 후 생길 결과를 어떻게 수용할 것인가? 나는 어떻게 실제 상황을 받아들일 것인가?

진현의 예: 친구들이 나를 얼마나 반가워할지 속마음은 알 수 없다. 그렇다고 시도도 안 하면 친구들과 연결될 기회를 잃게 될 테니, 내가 무시당할 수 있다

는 위험성을 안고도 연락을 취해보려 한다. 만약 내가 더 외로워진다 해도 그것도 하나의 에피소드로 지나가고 나는 다시 내 삶을 살아나갈 것이다. 외로움이 지나간 후 다시 용기가 나면 그때 친구들에게 또 연락해볼 수 있다.

5. 두려웠던 현실을 마주하는 과정이 어떠했는가? 무엇을 느끼고 배웠는가? 앞으로 어떤 삶을 살아가고 싶은가?

진현의 예: 만나자는 말을 적으며 무척 긴장되었지만 막상 문자를 보내고 나니 별 것 아닌 것처럼 느껴졌다. 진아는 해외 여행에서 돌아오면 연락하겠다고 해서 예진이와만 다음 주 점심을 먹기로 했다. 친구들의 진심이 어떤지는 내가 다 알 수 없지만 거기까지 걱정하며 시간을 허비하고 싶지 않고, 내가 할 수 있는 부분에 집중해서 즐거운 만남을 가지려고 노력할 것이다. 앞으로도 이런 기회에 나를 지속적으로 노출시키고 나중에는 내가 오랫동안 기피하던 동창 모임에도 나가보고 싶다.

이상과 현실을 구분하는 바운더리 연습 자료를 QR 코드로 다운받아 활용해보세요.

바운더리

삶의 운전대를 내 손으로 쥐는 삶으로

오래전부터 많은 사람들에게 도움이 되는 이야기를 하기를 바랐지만, 막상 바운더리에 관해 책을 쓰겠다는 결정을 내린 후로는 걱정이 많았습니다. 제가 이런 이야기를 하기에 적합한 사람인지 확신이 없었기 때문입니다. 이때껏 살아온 모습을 되돌아봐도 저는 바운더리를 잘 지키는 모범 사례가 아니었습니다. 어릴 적부터 지나치게 책임감이 강했고, 주변의 눈치를 보느라 제 목소리를 분명히 내지 못했습니다. 어른이 되고 심리학자가 된 지금도 삶이 제게 던지는 수많은 '자극' 속에서 일상의 저글링을 겨우겨우 이어간다고 느꼈고, 혹시라도 주변 사람들이 제 이런 모습을 보고 '너부터 잘해'라며 코웃음을 치지는 않을지 걱정되었습니다.

그러나 책을 집필하는 과정에서 중요한 걸 깨달았습니다. 바로 바운더리에 끝마침과 완벽함은 없다는 사실입니다. 책을 써내려가면서 연구자도, 심리치료사도, 엄마도 아닌 저 자신 '김현'으로서의 삶을 돌아보는 감사한 시간을 가졌습니다. 글을 쓰며 눈물도 많이 흘리고, 제 경험이 섞인 이야기를 쏟아내면서 마음을 치유하기도 하고, 도중에 심리상담도 받고 내면의 깊은 곳을 직시하며 제 스스로가 많이 성장했다는 것이 느껴집니다. 그렇게 제 안에 있는 여러 부정적인 목소리와 거리를 두고, 있는 그대로의 모습을 받아들였습니다. 그렇게 제가 몸소 경험한 변화를 한 글자씩 적어 내려갔고, 이렇게 책을 마무리 짓는 시점까지 오게 되었습니다.

현대사회를 살아가는 많은 사람들, 특히 저를 비롯한 많은 한국인들이 스스로를 챙기는 것을 어색하고 낯설게 여깁니다. 이는 한국 사회가 예의 바르고, 성실하고, 끈끈한 관계를 중요하게 여기는 문화를 유지했기 때문입니다. 그러나 본성을 억누르면서까지 다른 사람을 위해서 내 삶을 희생하면 결국 마음의 건강에 해를 입게 됩니다. 우리가 쉴 새 없이 성장을 위해 달리고, 자신을 억누르고, 다른 사람들에게 순응하면서 한국은 우울증 1위, 자살률 1위 국가라는 '아픈 사회'가 되었습니다. 그 사회를 살아가는 우리 모두, 크고 작은 차이는 있지만 저마다 마음속에 아픈 상처를 감추고 있죠. 바로 다른 사람들의 기준에 부응하느라 돌보지 못한 나 자신, 내 삶을 희생하며 생긴 상처입니다. 그런 여러분에게 바운더리가 그동안 외적인 요소만 따라가느라 살펴보지 못했던 마음에 손을 내미는 시작점이 되어주기를 바랍니다.

물론, 바운더리를 구축한다고 해서 그것만으로 마음과 삶 전체를 지킬 수는 없습니다. 마음건강을 유지하기 위해서는 운동·수면과 같이 스스로 건강을 돌보는 셀프케어, 정신과·심리치료나 주변 사람들의 지지와 같이 외부에서 충족해야 하는 사회적 지원이 모두 필요하기 때문입니다. 바운더리 구축과 실행은 스스로를 너그럽게 대하고 자신에게 충분한 시간을 써서 일상을 지속할 힘을 내면에 불어넣는, 마음건강 관리의 가장 기본적인 단계입니다. 나 자신에게 시간과 에너지를 쓰는 즐거운 활동을 일상에 하나씩 더해가며 내면에 바운더리를 하나씩 탄탄하게 세우면, 여러분이 진정으로 바라던 삶을 지속할 힘을 얻을 수 있을 것이라 믿습니다.

　무엇보다도, 여러분이 원하는 삶을 위해 바운더리를 지키려는 노력을 꾸준히 이어갈 수 있기를 바랍니다. 바운더리를 지키는 일은 이 책을 쓴 저도 평생 연습해야 하는 쉽지 않은 과정입니다. 이는 바운더리를 만드는 과정이 곧 스스로를 알아가고 받아들이며 새로운 발견과 경험을 끊임없이 맞는, 평생 이어질 여정이기 때문입니다. 그래서 바운더리에는 내 기준을 지키겠다는 '다짐'과 내 노력과 시간을 온전히 쏟는 '전념'이 필요합니다. 어떤 바운더리가 가장 좋을지 끊임없이 고민하고 수정해 나가며 지켜가야 하겠죠. 비록 실패하는 날이 찾아오더라도, 이 또한 지나가는 과정임을 인식하고 다시 일어나 열심히 흙을 고르고 울타리를 세우면 됩니다. 그렇게 조금씩, 바운더리라는 정원을 가꾸어 나가는 데 점차 익숙해지면 내게 충실한 삶을 살아갈 수 있게 됩니다.

그렇게 우리가 스스로와 서로에게서 더 건강한 모습을 발견한다면 우리 사회도 조금 더 밝고 건강해질 수 있을 거라고 믿습니다. 이 책이 여러분에게 전하는 지식과 깨달음이 혼자만의 변화에 그치지 않고 더 많은 이들에게 전해져, 바운더리가 좀 더 접근하기 쉬운 상식으로 자리 잡아 우리 모두 건강한 방향으로 변화할 수 있길 바랍니다.

저 역시 지금 제가 머물고 있는 삶의 단계가 지난 후에도, 제 자신이 조금씩 앞으로 나아가고 있다 믿으며 기꺼이 바운더리를 연습하고 온전한 삶을 가꾸어 나가겠다고 다짐해봅니다. 이 책을 읽으시는 여러분도 그런 마음가짐으로 함께해주시길 바라며, 앞으로의 우리가 함께 이어갈 길고 건강한 바운더리의 여정을 응원합니다.

2024년 11월

김현 드림

바운더리

1장

《살아있는 DBT》, 찰스 R.스웬슨 지음, 남지은·남지혜 옮김, 시그마프레스, 2020. (Swenson CR, Linehan MM. *DBT Principles in Action: Acceptance, Change, and Dialectics*. New York: Guilford Press; 2018.)

《수용과 참여의 심리치료》, 커크 D. 스트로살,켈리 G. 윌슨,스티븐 C. 헤이즈 지음, 문성원 옮김, 시그마프레스, 2018. (Hayes SC, Strosahl KD, Wilson KG. *Acceptance and Commitment Therapy: The Process and Practice of Mindful Change*, New York: Guilford Press; 2011.)

Bacon I, Conway J. Co-dependency and Enmeshment — a Fusion of Concepts. *International Journal of Mental Health and Addiction*, 2023, 21, 3594 – 3603.

Bailey E, Wetter MG. *What Went Right: Reframe Your Thinking for a Happier Now*. Center City (MN): Hazelden Publishing; 2016.

Barr AB, Simons RL. A dyadic analysis of relationships and health: Does couple-level context condition partner effects? *Journal of Family Psychology*. 2014, 28(4), 448 –459.

Barrett LF, Adolphs R, Marsella S, Martinez AM, Pollak SD. Emotional Expressions Reconsidered: Challenges to Inferring Emotion From Human Facial Movements. *Psychological Science in the Public Interest*. 2019

Jul;20(1):1–68.

Burns DD. *The feeling good handbook: using the new mood therapy in everyday life*. New York: W. Morrow; 1989. 587.

Dimaggio G, MacBeth A, Popolo R, Salvatore G, Perrini F, Raouna A, Osam CS, Buonocore L, Bandiera A, Montano A. The problem of overcontrol: Perfectionism, emotional inhibition, and personality disorders. *Comprehensive Psychiatry*. 2018 May;83:71–78.

Lopez FG. Adult attachment orientations, self–other boundary regulation, and splitting tendencies in a college sample. *Journal of Counseling Psychology*, 2001, 48(4), 440–446.

Mathe JR, Kelly WE, Mental Boundaries Relationship with Self–Esteem and Social Support: New Findings for Mental Boundaries Research. *Imagination, Cognition and Personality*,2023, 43(1), 29–41.

Murray CE, Ross R, Cannon J. The Happy, Healthy, Safe Relationships Continuum: Conceptualizing a Spectrum of Relationship Quality to Guide Community–Based Healthy Relationship Promotion Programming, *The Family Journal*, 2021;29(1):50–59.

Neidhardt E, Weinstein M, Conry R. *No-gimmick Guide to Managing Stress: Effective Options for Every Lifestyle (Self-Counsel Psychology Series)*. Vancouver: Self–Counsel Press Ltd., 1990.

Omura M, Maguire J, Levett–Jones T, Stone TE. The effectiveness of assertiveness communication training programs for healthcare professionals and students: A systematic review. *International Journal of Nursing Studies*. 2017 Nov;76:120–128.

Paiva–Salisbury ML, Schwanz KA. Building Compassion Fatigue Resilience: Awareness, Prevention, and Intervention for Pre–Professionals and Current Practitioners. *Journal of Health Service Psychology*. 2022, 48(1):39–46.

Reis HT, Shaver P. Intimacy as an interpersonal process. In: Duck S, Hay DF, Hobfoll SE, Ickes W, Montgomery BM, editors. *Handbook of personal relationships: Theory, research and interventions*, Oxford, England: John Wiley & Sons; 1988. 367–389.

Tawwab NG. *Set Boundaries, Find Peace: A Guide to Reclaiming Yourself*, New York: TarcherPerigee; 2021.

바운더리

Wekenborg MK, von Dawans B, Hill LK, Thayer JF, Penz M, Kirschbaum C. Examining reactivity patterns in burnout and other indicators of chronic stress, *Psychoneuroendocrinology*, 2019, 106, 195–205.

Zamani S, Hasani J, Hatami M, Tadros E. Emotion dysregulation and alexithymia within marital burnout through an emotion-focused therapy lens. *Journal of Couple & Relationship Therapy*, 2023, 22, 201–226.

Zborowski MJ, Hartmann E, Newsom MA, Banar M. The Hartmann Boundary Questionnaire: Two Studies Examining Personality Correlates and Interpersonal Behavior. *Imagination, Cognition and Personality*, 2003, 23(1), 45–62.

2장

아잔 브라흐마 지음, 류시화 옮김, 《술 취한 코끼리 길들이기》, 연금술사, 2013, 27쪽. (Brahm A. *Who Ordered This Truckload of Dung?: Inspiring Stories for Welcoming Life's Difficulties*, Wisdom Publications; 2005.)

Abdollahi A, Allen KA, Taheri A. Moderating the role of self-compassion in the relationship between perfectionism and depression. *Journal of Rational-Emotive & Cognitive-Behavior Therapy*. 2020, 38, 459–471.

Gawlik KS, Melnyk BM, Mu J, Tan A. Psychometric Properties of the New Working Parent Burnout Scale. *Journal of Pediatric Health Care*. 2022, Nov–Dec;36(6):540-548.

Harrison F, Craddock AE. How attempts to meet others' unrealistic expectations affect health: health-promoting behaviours as a mediator between perfectionism and physical health. *Psychology, Health, & Medicine*. 2016;21(3):386-400.

Hill AP, Curran T. Multidimensional Perfectionism and Burnout: A Meta-Analysis. *Personality and Social Psychology Review*. 2016 Aug;20(3):269-88.

Jannati Y, Nia HS, Froelicher ES, Goudarzian AH, Yaghoobzadeh A. Self-blame Attributions of Patients: a Systematic Review Study. *Central Asian Journal of Global Health*. 2020 Mar 31;9(1):e419.

Karlin BE, Ruzek JI, Chard KM, Eftekhari A, Monson CM, Hembree, EA, Foa EB. Dissemination of evidence-based psychological treatments for posttraumatic stress disorder in the Veterans Health Administration. *Journal of Traumatic Stress*. 2010, 23, 663–673.

Kleinhendler-Lustig D, Hamdan S, Mendlovic J, Gvion Y. Burnout, depression, and suicidal ideation among physicians before and during COVID-19 and the contribution of perfectionism to physicians' suicidal risk. *Frontiers in Psychiatry*. 2023 Jul 13;14:1211180.

Kosirnik C, Antonini Philippe R, Pomini V. Investigating the Links Between Performers' Self-Compassion, Mental Toughness and Their Social Environment: A Semi-Systematic Review. *Frontiers in Psychology*. 2022 Jul 14;13:887099.

Kouros CD, Wee SE, Carson CN, Ekas NV. Children's self-blame appraisals about their mothers' depressive symptoms and risk for internalizing symptoms. *Journal of Family Psychology*. 2020 Aug;34(5):534–543.

Long P, Neff KD. Self-compassion is associated with reduced self-presentation concerns and increased student communication behavior. *Learning and Individual Differences*. 2018, 67, 223–231

Ludwig DS, Kabat-Zinn J. Mindfulness in medicine. *JAMA*. 2008. Sep 17; 300 (11): 1350–2.

Lutz A, Brefczynski-Lewis J, Johnstone T, Davidson RJ. Regulation of the neural circuitry of emotion by compassion meditation: Effects of meditative expertise. *PLoS ONE*, 2008; 3 (3): e1897.

Neff KD. Self-compassion: Theory, method, research, and intervention. *Annual Review of Psychology*. 2023 Jan 18;74:193–218.

Neff K, Germer C. *The mindful self-compassion workbook*. New York: Guilford Press; 2018.

Neff KD, Knox MC, Long P, Gregory K. Caring for others without losing yourself: An adaptation of the mindful self-compassion program for healthcare communities. *Journal of Clinical Psychology*. 2020, 76, 1543–1562.

Pereira AT, Brito MJ, Cabaços C, Carneiro M, Carvalho F, Manão A, Araújo A, Pereira D, Macedo A. The protective role of self-compassion in the relationship between perfectionism and burnout in Portuguese medicine and dentistry students. *International Journal of Environmental Research*

바운더리

and Public Health. 2022 Feb 26;19(5):2740.

Petrovic J, Mettler J, Cho S, Heath NL. The effects of loving-kindness interventions on positive and negative mental health outcomes : A systematic review and meta-analysis. *Clinical Psychology Review*. 2024 Apr 16;110:102433.

Rancher C, Jouriles EN, Johnson E, Cook K, McDonald R. Self-blame for interparental conflict among female adolescents who have been sexually abused. *Journal of Family Psychology*. 2019 Dec;33(8):982-987.

Smeets E, Neff K, Alberts H, Peters M. Meeting suffering with kindness : Effects of a brief self-compassion intervention for female college students. *Journal of Clinical Psychology*. 2014, 70(9), 794-807.

Stoeber J, Otto K. Positive conceptions of perfectionism : approaches, evidence, challenges. *Personality and Social Psychology Review*. 2006;10(4):295-319.

Tavella G, Hadzi-Pavlovic D, Parker G. Burnout : Re-examining its key constructs. *Psychiatry Research*. 2020, May;287:112917.

Tavella G, Parker G. A Qualitative Reexamination of the Key Features of Burnout. *Journal of Nervous and Mental Disease*. 2020 Jun;208(6):452-458.

Tonta KE, Boyes M, Howell J, McEvoy P, Johnson A, Hasking P. Modeling pathways to non-suicidal self-injury : The roles of perfectionism, negative affect, rumination, and attention control. *Journal of Clinical Psychology*. 2022 Jul;78(7):1463-1477.

3장

《당신도 느리게 나이들 수 있습니다》, 정희원 지음, 더퀘스트, 2023.

《스마트폰과 헤어지는 법》, 캐서린 프라이스 지음, 박지혜 옮김, 갤리온, 2023.
(Price C. *How to Break Up with Your Phone: The 30-Day Plan to Take Back Your Life*. Berkeley: Ten Speed Press; 2018.)

《슬로우 워크》, 칼 뉴포트 지음, 이은경 옮김, 웅진지식하우스, 2024. (Newport C. *Slow Productivity: The Lost Art of Accomplishment Without Burnout*. New York : Portfolio; 2024.)

《오리지널스》, 애덤 그랜트 지음, 홍지수 옮김, 한국경제신문, 2020. (Grant A. *Originals: How non-conformists move the world*. New York: Penguin Books; 2017.)

《우리는 왜 잠을 자야 할까》, 매슈 워커 지음, 이한음 옮김, 열린책들, 2019.
(Walker M. *Why We Sleep: Unlocking the Power of Sleep and Dreams.* Scribner; 2017.)

Afifi TD, Zamanzadeh N, Harrison K, Callejas MA, WIRED: The impact of media and technology use on stress (cortisol) and inflammation (interleukin IL-6) in fast paced families. *Computers in Human Behavior.* 2018, 81, 265-273.

Albulescu P, Macsinga I, Rusu A, Sulea C, Bodnaru A, Tulbure BT. "Give me a break!" A systematic review and meta-analysis on the efficacy of micro-breaks for increasing well-being and performance. *PLoS One.* 2022 Aug 31;17(8):e0272460.

Blasche G, Szabo B, Wagner-Menghin M, Ekmekcioglu C, Gollner E. Comparison of rest-break interventions during a mentally demanding task. *Stress Health.* 2018 Dec;34(5):629-638.

Chun JW, Choi J, Cho H, Choi MR, Ahn KJ, Choi JS, Kim DJ. Role of Frontostriatal Connectivity in Adolescents With Excessive Smartphone Use. *Frontiers in Psychiatry.* 2018 Sep 12;9:437.

Dalton-Smith S. *Sacred Rest: Recover Your Life, Renew Your Energy, Restore Your Sanity.* New York: FaithWords; 2017.

Gallate J, Wong C, Ellwood S, Roring RW, Snyder A. Creative People Use Nonconscious Processes to Their Advantage. *Creativity Research Journal.* 2012, 24(2-3), 146-151.

Guydish AJ, D'Arcey D, Tree JAF. Reciprocity in Conversation. *Language and Speech,* 2021, 64(4), 859-872.

Hammond C, Lewis G. The Rest Test: Preliminary Findings from a Large-Scale International Survey on Rest. In: Callard F, Staines K, Wilkes J, editors. In *The Restless Compendium.* 2016, Basingstoke: Palgrave Macmillan. 59-67.

Holt-Lunstad J, Robles TF, Sbarra DA. Advancing socialconnection as a public health priority in the United States. American Psychologist. 2017, 72(6):517-530.

Kennedy, Becky. GoodInside. Self-Care Is An Inside Job. 2024 Feb 26. Available from: https://www.goodinside.com/podcast/5494/self-care-is-an-inside-job/

바운더리

Menon V. 20 years of the default mode network: A review and synthesis. *Neuron*. 2023 Aug 16;111(16):2469-2487.

Muhammad Khir S, Wan Mohd Yunus WMA, Mahmud N, Wang R, Panatik SA, Mohd Sukor MS, Nordin NA. Efficacy of Progressive Muscle Relaxation in Adults for Stress, Anxiety, and Depression: A Systematic Review. *Psychology Research and Behavior Management*. 2024 Feb 1;17:345-365.

National Institute of Play. Play Personalities. [Cited on 2024 Jun 20]. Available from: https://nifplay.org/what-is-play/play-personalities/.

Newport C. *Work Less to Work Better: My Experiments with Shutdown Routines*. Cal Newport. 2012 Aug 2. [Cited on 2024 Jun 10]. Available from: https://calnewport.com/work-less-to-work-better-my-experiments-with-shutdown-routines/.

Paluska SA, Schwenk TL. Physical activity and mental health: Current concepts. *Sports Medicine*. 2000, 29, 167-180.

Raichle ME. The brain's default mode network. *Annual Review of Neuroscience*. 2015 Jul 8;38:433-47.

Reed J , Ones DS. The effect of acute aerobic exercise on positive activated affect: A meta-analysis. *Psychology of Sport and Exercise*. 2006, 7, 477-514.

Ritter SM, Dijksterhuis A. Creativity-the unconscious foundations of the incubation period. *Frontiers in Human Neuroscience*. 2014 Apr 11;8:215.

Santorelli SF, Kabat-Zinn J, Blacker M, Meleo-Meyer F, Koerbel L. Mindfulness-Based Stress Reduction (MBSR) Authorized Curriculum Guide. Center for Mindfulness in Medicine, Health Care, and Society at the University of Massachusetts Medical School . Revised 2017. [Cited 2024 Jul 2]. Available from: https://mbsr.website/sites/default/files/docs/mbsr-curriculum-guide-2017.pdf.

Schöne B, Gruber T, Graetz S. Bernhof M, Malinowski P. Mindful breath awareness meditation facilitates efficiency gains in brain networks: A steady-state visually evoked potentials study. *Scientific Report*, 2018, 8, 13687.

Scullin MK, Bliwise DL. Sleep, cognition, and normal aging: integrating a half century of multidisciplinary research. *Perspectives on Psychological Science.* 2015 Jan;10(1):97-137.

Singh B, Olds T, Curtis R, Dumuid D, Virgara R, Watson A, Szeto K, O'Connor E, Ferguson T, Eglitis E, Miatke A, Simpson CE, Maher C. Effectiveness of physical activity interventions for improving depression, anxiety and distress: an overview of systematic reviews. *British Journal of Sports Medicine.* 2023 Sep;57(18):1203-1209.

Tempesta D, Socci V, De Gennaro L, Ferrara M. Sleep and emotional processing. *Sleep Medicine Reviews.* 2018 Aug;40:183-195.

Tramuta L. Fortune. 2018 May 31. How sleep became the ultimate luxury. [Cited on 11 Jul 2024]. Available from: https://fortune.com/2018/05/31/how-sleep-became-the-ultimate-luxury/

Van Vleet M, Helgeson VS, Berg CA. The importance of having fun: Daily play among adults with type 1 diabetes. *Journal of Social and Personal Relationships.* 2019 Nov 1;36(11-12):3695-3710.

Wickramaratne PJ, Yangchen T, Lepow L, Patra BG, Glicksburg B, Talati A, Adekkanattu P, Ryu E, Biernacka JM, Charney A, Mann JJ, Pathak J, Olfson M, Weissman MM. Social connectedness as a determinant of mental health: A scoping review. *PLoS One.* 2022 Oct 13;17(10):e0275004.

World Health Organization (WHO). 2021 May 17. Long working hours increasing deaths from heart disease and stroke: WHO, ILO. [Cited on 2024 May 10]. Available from: https://www.who.int/news/item/17-05-2021-long-working-hours-increasing-deaths-from-heart-disease-and-stroke-who-ilo .

4장

《나는 내가 죽었다고 생각했습니다》, 질 볼트 테일러 지음, 장호연 옮김, 윌북, 2019. (Taylor JB. *My stroke of insight: A brain scientist's personal journey.* New York: Penguin Books; 2009.)

《인코그니토》, 데이비드 이글먼 지음, 김소희 옮김, 윤승일 감수, 쌤앤파커스, 2011. (Eagleman D. *Incognito: The secret lives of the brain.* New York: Vintage; 2012.)

Barlow DH, Farchione TJ, Sauer-Zavala S, Latin HM, Ellard KK, Bullis JR,

Bentley KH, Boettcher HT, Cassiello-Robbins C, *Unified Protocol for Transdiagnostic Treatment of Emotional Disorders: Therapist Guide (Treatments That Work)* (2nd Edition). New York: Oxford University Press; 2017.

Barrett LF. The theory of constructed emotion: an active inference account of interoception and categorization. *Social Cognitive and Affective Neuroscience.* 2017 Jan 1;12(1):1-23.

Barrett LF. *Seven and a Half Lessons About the Brain. Boston: Mariner Books;* 2021.

Beck AT, Rush AJ, Shaw BF, Emery G. *Cognitive therapy of depression.* New York: Guilford Press; 1979.

Bootzin RR, Epstein D, Wood JM. Stimulus control instructions. In: Hauri PJ, editor. *Case Studies in Insomnia.* New York: Plenum Press; 1991. p. 19-28.

Craske MG, Treanor M, Conway CC, Zbozinek T, Vervliet B. Maximizing exposure therapy: an inhibitory learning approach. *Behaviour Research and Therapy.* 2014 Jul;58:10-23.

Ebner-Priemer UW, Kuo J, Schlotz W, Kleindienst N, Rosenthal MZ, Detterer L, Linehan MM, Bohus M. Distress and affective dysregulation in patients with borderline personality disorder: a psychophysiological ambulatory monitoring study. *Journal of Nervous and Mental Disorders.* 2008 Apr;196(4):314-20.

Fisher J. The work of stabilization in trauma treatment [Internet]. Boston, MA: *Trauma Center Lecture Series;* 1999 [cited 2024 Feb 19]. Available from: https://janinafisher.com/wp-content/uploads/2023/03/stabilize.pdf.

Kanter, JW, Manos, RC, Bowe, WM, Baruch, DE, Busch, AM, Rusch, LC. What is behavioural activation? A review of the empirical literature. *Clinical Psychology Review.* 2010 Aug;30(6):608-20.

Kross E, Ayduk O. Self-distancing: Theory, research, and current directions. In: Olson JM, editor. *Advances in Experimental Social Psychology.* San Diego: Academic Press; 2017. p. 81-136.

Lindquist KA, Barrett LF, Bliss-Moreau E, Russell JA. Language and the perception of emotion. *Emotion.* 2006 Feb;6(1):125-38.

Linehan MM. *DBT Skills Training Manual* [2nd Edition]. New York: Guilford Press; 2014.

Linehan MM, Bohus M, Lynch TR. Dialectical behavior therapy for pervasive emotion dysregulation: Theoretical and practical underpinnings. In: Gross JJ, editor. *Handbook of Emotion Regulation*. New York: Guilford; 2007, p. 581−605.

Mazzucchelli T, Kane R, Rees C. Behavioural activation treatments for depression in adults: a meta−analysis and review. *Clinical Psychology: Science and Practice*. 2009, 16: 383−411.

McGowan SK, Behar E. A preliminary investigation of stimulus control training for worry: effects on anxiety and insomnia. *Behavior modification*. 2013, 37(1), 90−112.

Russell J, Barrett LF. Core affect, prototypical emotional episodes, and other things called emotion: dissecting the elephant. *Journal of Personality and Social Psychology*. 1999, 76, 805−819.

Suh S. Stories to be told: Korean doctors between hwa−byung (fire−illness) and depression, 1970−2011. *Culture, Medicine, and Psychiatry*. 2013 Mar;37(1):81−104.

Trauma−Informed Care in Behavioral Health Services. *Treatment Improvement Protocol (TIP) Series, No. 57*. Center for Substance Abuse Treatment (US). Rockville (MD): Substance Abuse and Mental Health Services Administration (US); 2014.

Wegner D. *White bears and other unwanted thoughts: Suppression, obsession, and the psychology of mental control*. New York: The Guilford Press; 1994.

5장

《걱정 활용법》, 로버트 L. 리히 지음, 서영조 옮김, 푸른숲, 2007. (Leahy RL. *The worry cure: seven steps to stop worry from stopping you*. New York: Harmony Books; 2005.)

《나를 일으켜 세우는 힘, 노리밋츠》, 마이클 펠프스 지음, 양병찬 옮김, 조윤커뮤니케이션, 2009. (Phelps M. *No Limits: The Will to Succeed*. Free Press; 2008.)

《받아들임》, 타라 브랙 지음, 김선주·김정호 옮김, 불광출판사, 2012. (Brach T.

Radical Acceptance: Embracing Your Life with the Heart of a Buddha. Bantam Dell Pub
　　Group; 2003.)

《우울할 땐 뇌 과학》, 앨릭스 코브 지음, 정지인 옮김, 심심, 2018. (Korb A.
　　*The Upward Spiral: Using Neuroscience to Reverse the Course of Depression, One Small
　　Change at a Time*. New Harbinger Publications; 2015.)

《임포스터》, 리사 손 지음, 21세기북스, 2022.

〈2023 자살예방백서〉, 보건복지부 · 한국생명존중희망재단, 2023. https://
　　www.kfsp.or.kr/home/kor/board.do?menuPos=81&act=detail&i
　　dx=3730.

American Psychological Association. *What Is Exposure Therapy?* PTSD Clinical
　　Practice Guideline. 2017. [cited 2024 Mar 1]. Available from: https://
　　www.apa.org/ptsd-guideline/patients-and-families/exposure-therapy.
　　pdf.

Arigo D, Bercovitz I, Lapitan E, Gular S. Social Comparison and Mental
　　Health. *Current Treatment Options in Psychiatry*. 2024, 11:17-33.
　　Available from: https://doi.org/10.1007/s40501-024-00313-0.

Baldwin, R. What's really causing America's mental health crisis?. NPR.
　　September 24, 2022. [cited 2024 Mar 3]. Available from: https://www.
　　npr.org/2022/09/21/1124365508/whats-really-causing-americas-
　　mental-health-crisis

Barlow DH. *Clinical handbook of psychological disorders: A step-by-step treatment
　　manual*, Sixth edition. New York: Gullford Press; 2021.

Brown B. Dangers of Toxic Positivity. 2022 October 12. https://brenebrown.
　　com/podcast/brene-with-dr-susan-david-on-the-dangers-of-toxic-
　　positivity-part-1-of-2/.

Brickman C. Hedonic relativism and planning the good society. In: Apley MH,
　　editor. *Adaptation level theory: A symposium*, New York: Academic Press;
　　1971; p. 287-302.

Burnell K, George MJ, Vollet JW, Ehrenreich SE, Underwood, MK. Passive
　　social networking site use and well-being: The mediating roles of social
　　comparison and the fear of missing out. *Cyberpsychology: Journal of
　　Psychosocial Research on Cyberspace*. 2019, 13(3), Available from: https://
　　doi.org/10.5817/CP2019-3-5.

Campbell-Sills L, Barlow DH, Brown TA, Hofmann SG. Acceptability and suppression of negative emotion in anxiety and mood disorders. *Emotion*. 2006, 6(4), 587-595.

Edwards E, Jackson H. NBC News. Social media is driving teen mental health crisis, surgeon general warns. 2023 May 23. [cited 2024 Mar 23]. Available from: https://www.nbcnews.com/health/health-news/social-media-mental-health-anxiety-depression-teens-surgeon-general-rcna85575

Foa E, Hembree EA, Rothbaum BO, Rauch S. *Prolonged Exposure Therapy for PTSD: Emotional Processing of Traumatic Experiences - Therapist Guide* [2nd edition]. New York: Oxford University Press; 2019.

Gordon AM, Impett EA, Kogan A, Oveis C, Keltner D. To have and to hold: Gratitude promotes relationship maintenance in intimate bonds. *Journal of Personality and Social Psychology*. 2012, 103(2), 257-274.

Higgins ET. Self-discrepancy theory: What patterns of self-beliefs cause people to suffer? In: Berkowitz L, editor, *Advances in experimental social psychology*. New York: Academic Press; 1989. 93-136.

James W. The principles of psychology. New York: Henry Holt and Company; 1890.

Kermarrec S, Attinger L, Guignard JH, Tordjman S. Anxiety disorders in children with high intellectual potential. *British Journal of Psychiatry*. 2020, 6(4):1.

Killen A, Macaskill A. Using a gratitude intervention to enhance well-being in older adults. *Journal of Happiness Studies*. 2015, 16(4), 947-964.

Killingsworth MA, Gilbert DT. *A wandering mind is an unhappy mind*. Science. 2010 Nov 12;330(6006):932.

Komase Y, Watanabe K, Hori D, Nozawa K, Hidaka Y, Iida M, Imamura K, Kawakami N. Effects of gratitude intervention on mental health and well-being among workers: A systematic review. *Journal of Occupational Health*. 2021 Jan;63(1):e12290.

Maréchal MA, Cohn A, Ugazio G, Ruff CC. Increasing honesty in humans with noninvasive brain stimulation. *Proceedings of the National Academy of Sciences of the USA*. 2017 Apr 25;114(17):4360-4364.

Lee JK. The effects of social comparison orientation on psychological well-being in social networking sites: Serial mediation of perceived social support and self-esteem. *Current Psychology.* 2022, 41(9):6247-6259.

OECD (2024), "Better Life Index", OECD Social and Welfare Statistics (database). [cited on 2024 Mar 29]. Available from: https://doi.org/10.1787/data-00823-en.

Orben A, Meier A, Dalgleish T, Blakemore SJ. Mechanisms linking social media use to adolescent mental health vulnerability. *Nature Reviews Psychology,* 2024, 3, 407-423.

Parker-Pope T, Caron C, Sancho MC. New York Times. Why 1,320 therapists are worried about mental health in America right now. Dec. 17, 2021. [Cited on 2024 May 11]. Available from: https://www.nytimes.com/interactive/2021/12/16/well/mental-health-crisis-america-covid.html.

Pearson, J. The human imagination: the cognitive neuroscience of visual mental imagery. *Nature Review Neuroscience,* 2019, 20, 624-634.

Portocarrero FF, Gonzalez K, Ekema-Agbaw M. A meta-analytic review of the relationship between dispositional gratitude and well-being: Erratum. *Personality and Individual Differences.* 2022, 187, Article 111380.

바운더리

첫판 1쇄 펴낸날 2024년 11월 29일

지은이 김현
발행인 조한나
책임편집 전하연
편집기획 김교석 유승연 문해림 김유진 곽세라 박혜인 조정현
디자인 한승연 성윤정
마케팅 문창운 백윤진 박희원
회계 양여진 김주연

펴낸곳 (주)도서출판 푸른숲
출판등록 2003년 12월 17일 제2003-000032호
주소 서울특별시 마포구 토정로 35-1 2층, 우편번호 04083
전화 02)6392-7871, 2(마케팅부), 02)6392-7873(편집부)
팩스 02)6392-7875
홈페이지 www.prunsoop.co.kr
페이스북 www.facebook.com/prunsoop   인스타그램 @prunsoop

ⓒ김현, 2024
ISBN 979-11-7254-038-8 (03180)